Reinhold Köhler, Jean-François Bladé

Contes Populaires Recueillis en Agenais par M. Jean-François Bladé

Reinhold Köhler, Jean-François Bladé

Contes Populaires Recueillis en Agenais par M. Jean-François Bladé

ISBN/EAN: 9783744727082

Printed in Europe, USA, Canada, Australia, Japan

Cover: Foto ©ninafisch / pixelio.de

More available books at **www.hansebooks.com**

CONTES POPULAIRES

RECUEILLIS EN AGENAIS

PAR

M. JEAN-FRANÇOIS BLADÉ

TRADUCTION FRANÇAISE ET TEXTE AGENAIS

SUIVIS DE NOTES COMPARATIVES

PAR

M. REINHOLD KÖHLER

PARIS
LIBRAIRIE JOSEPH BAER
RUE DU QUATRE-SEPTEMBRE, 2

1874.

A MONSIEUR

PHILLIPPE TAMIZEY DE LARROQUE

Lectoure (Gers), ce 15 novembre 1868.

Mon cher Ami,

J'ai publié, en 1867, une brochure de *Contes et proverbes populaires recueillis en Armagnac,* et le succès de ce travail a dépassé mon attente. Les érudits français et allemands, dont l'attention s'est principalement arrêtée sur les *Contes,* m'ont prouvé leur intérêt par des éloges que j'avais tâché de mériter, et par quelques censures dont je voudrais profiter (1). Ils m'ont loué de m'être fait le greffier docile de la muse populaire. La division de mes *Contes* en *contes* proprement dits, *récits* et *superstitions* (2), a été trouvée heureuse et juste, et l'on a même exprimé le désir de la voir adopter par

---

(1) Voir, notamment, les articles de MM. Léonce Couture (*Revue de Gascogne*, 1867, p. 166, 373, 552); Gaston Paris (*Revue critique*, 1867, art. 81); Adolphe Magen (*Revue d'Aquitaine*, 1867); Reinhold Kölher (*Göttingische gelehrte Anzeigen*, n° d'août 1868); et de Reimberg-Düringsfeld (*Jarbuch für romanische Literatur*, t. IX).

(2) J'appelle *contes* proprement dits, les narrations plus ou moins merveilleuses, dont la fausseté n'est douteuse, ni pour celui qui parle, ni pour ceux qui l'écoutent. Ils correspondent aux *mærchen* allemands. Les *récits* sont des anecdotes vraies ou vraisemblables, généralement plaisantes, et qui n'ont rien de merveilleux, à peu près comme les *schwænke* d'Outre-Rhin. Les *superstitions* sont généralement acceptées comme vraies par le narrateur et les auditeurs. Voilà les trois espèces de narrations que je désigne sous la dénomination générale de *contes*.

ceux qui seraient tentés de recueillir, comme moi, les monuments prosaïques de la littérature populaire.

Les censures que j'ai encourues, sont au moins aussi méritées que les éloges. On m'a reproché d'avoir négligé de donner, à l'occasion, les *variantes de faits*, dont l'importance est si grande pour la littérature comparée; et mon petit glossaire gascon-français a été jugé insuffisant. Bon nombre de lecteurs m'ont fait même l'honneur de m'écrire pour réclamer, à la place de ce glossaire, une traduction française séparée du texte gascon.

Je m'efforcerai de donner satisfation à des exigences légitimes, dans le recueil définitif que je prépare sur les *Contes populaires de l'Armagnac*. L'exécution de ce travail est déjà fort avancée, et je puis même regarder la recherche des variantes de faits, comme ayant à peu près donné tous les résultats que je pouvais espérer. Ces variantes ont été d'abord exclusivement demandées à l'Armagnac. J'ai ensuite exploré les provinces limitrophes, les Landes, le Béarn, le Bigorre, le Bas-Comminges, les pays de Rivière et de Verdun, et surtout l'Agenais. Ces diverses contrées m'ont fourni des indications nouvelles, qui m'ont permis, un peu plus tard, de suivre et d'atteindre, sur mon propre domaine, absolument toutes les variantes rapportées des régions voisines.

L'impression du recueil définitif auquel je travaille pour l'Armagnac, prouvera que ces variantes de faits ne sont pas aussi nombreuses qu'on pourrait le croire. En attendant, je dois constater qu'il existe, dans les pays limitrophes, un certain nombre de contes que je n'ai pu retrouver encore dans ma province. Je n'aurais pu les recueillir tous sans faire grand tort à des travaux historiques auxquels ma vie ne suffira point; mais j'ai trouvé des facilités particulières pour l'Agenais, où j'ai passé une partie de mon enfance et de ma jeunesse, et où je reviens souvent, en attendant que je m'y fixe pour toujours.

Ces facilités, et mon affection si vive et si naturelle pour un pays où je compte tant de parents et d'amis, m'ont décidé à consacrer à ses contes une publication spéciale. J'ai donc battu la contrée dans tous les sens, et j'ai surtout profité des foires si populeuses d'Agen, pour interroger une trentaine de personnes choisies, à peu près en nombre égal, dans tous les cantons (1). C'est ainsi que deux années de recherches actives et persévérantes ont fini par me mettre en possession d'un certain contingent de traditions populaires, dont les unes n'ont pu être retrouvées en Armagnac, et dont les autres m'ont paru beaucoup plus complètes que leurs congénères de mon pays. Il en est aussi qui présentent, avec ces dernières, des différences assez notables pour mériter que ces narrations soient intégralement recueillies. Quant aux variantes de faits, je n'ai pu, malgré tous mes efforts, en découvrir une seule, dans mon domaine actuel.

Telle est, mon cher ami, l'idée principale qui a inspiré et dirigé des recherches au moyen desquelles je crois avoir rassemblé, pour l'Agenais, la majeure partie des pièces vraiment dignes de figurer dans un recueil provincial. Cette persuasion me vient de ce que, parmi toutes ces narrations, il n'en est pas une seule qui ne soit possédée d'une manière plus ou moins satisfaisante, par plus des trois-quarts des personnes interrogées. Voilà même, à mon avis, le plus clair résultat d'une enquête aussi longue que minutieuse. J'avais, en effet sous la main, dès l'origine, les trois personnes douées, au degré le plus éminent, de cette fidélité de souvenirs et de ce respect de la tradition qui se font de plus en plus rares. Ce sont, dans l'ordre de ce mérite spécial : Catherine Sustrac, jeune fille illettrée, de Sainte-Eugénie *(Sento-Aulario)*, commune du canton de Beauville; Madame Lacroix, née Pinèdre, ma belle-mère, native de Notre-Dame de Bon-Encontre (canton d'Agen); et Marianne Bense, vieille femme illettrée, veuve d'un marinier du Passage-d'Agen, localité que je crois pouvoir comprendre dans l'Agenais, bien qu'elle soit située sur la rive gauche de la Garonne. J'ai écrit sous leur dictée la plupart des pièces de ce recueil, et j'offre de mettre en relation avec ces conteuses les érudits qui auraient le

---

(1) L'Agenais s'étendait, d'abord, sur les deux rives de la Garonne, et ses limites étaient les mêmes que celles de l'ancien évêché d'Agen. L'érection du diocèse de Condom, en 1317, vint réduire l'Agenais ecclésiastique et féodal à la portion située sur la rive droite du fleuve. On peut en voir la composition détaillée dans le dictionnaire d'Expilly, Art. *Agen* et *Agenois*. C'est dans ce territoire ainsi restreint, que j'ai recherché les éléments du présent recueil.

désir bien légitime de contrôler la sincérité de mon travail. Je fais aussi appel aux souvenirs des lecteurs que je pourrai trouver en Agenais, et je les mets en demeure de me contredire publiquement, si j'ai eu le tort irrémissible de mêler une seule fois aux antiques traditions du pays des choses de mon propre crû.

Ce petit recueil se divise en deux parties : la première est consacrée à la traduction française, et la seconde au texte agenais (1). Je supplie les philologues de bien comparer l'une et l'autre, et de m'en dire leur avis sans ménagement. Je tâcherai de profiter, pour mes contes d'Armagnac, de leurs sévérités salutaires. Le texte agenais a été ramené, dans la mesure compatible avec la prononciation actuelle, à l'orthographe provençale de la bonne époque; et je remercie mon excellent ami M. Léonce Couture, de m'avoir continué, en cette occasion, le précieux concours dont j'ai déjà profité pour bien d'autres choses. Peut-être certains savants auraient-ils préféré, à ma traduction, un glossaire agenais-français. C'est aussi mon sentiment; mais j'ai dû céder au vœu de la majorité des lecteurs, qui réclamait une version française.

La critique dispense, avec raison, les éditeurs des poésies et des contes populaires, de tout travail de littérature comparée. L'érudit le plus spécialement compétent de toute l'Europe, M. Reinhold Kölher, bibliothécaire à Weimar, a bien voulu prendre pour lui cette tâche, et je bénis ma bonne étoile de cette inestimable faveur.

Vous excuserez, mon cher ami, ces explications un peu longues sur la façon dont j'ai compris mes devoirs d'éditeur des *Contes populaires recueillis en l'Agenais*, et vous accepterez, je l'espère, l'hommage de cette modeste collection comme une faible marque de toute l'estime et de la sincère affection de

Votre bien dévoué serviteur,

JEAN-FRANÇOIS BLADÉ.

---

(1) Il y a plusieurs variétés dans le patois agenais ; j'ai donné la préférence à celle qui est en usage dans la commune d'Agen.

PREMIÈRE PARTIE

TRADUCTION FRANÇAISE

CONTES

I

Peau-d'Ane

Il y avait une fois (1) un homme qui avait trois filles. Un jour cet homme alla travailler dans son champ, tout près d'un noyer, et il entendit une voix qui disait :

— Homme, si tu ne me donnes pas une de tes filles en mariage, je te mange.

— Qui est-tu ? Je t'entends, mais je ne te vois pas.

— Je suis le roi de France.

— Eh bien ! roi de France, si une de mes filles y consent, tu l'auras en mariage.

L'homme rentra chez lui et se mit au lit. A peine était-il couché, que sa fille aînée entra dans la chambre.

— Qu'avez-vous, père ?

— Je suis malade ; tu peux me guérir si tu veux. Il faut épouser le roi de France.

---

(1) J'ai entendu, en Agenais, deux contes de *Peau-d'Ane* bien distincts. Celui que je donne ici a été écrit sous la dictée de Catherine Sustrac, en présence de Madame Lacroix, dont le récit concordait parfaitement avec celui de cette jeune fille. L'une et l'autre m'ont affirmé l'avoir recueilli de la bouche de bon nombre de personnes âgées et illettrées, qui le possédaient elles-mêmes par une tradition immémoriale. J'ai longtemps habité, pendant mon enfance et ma jeunesse, Agen, Marmande, Birac, etc., et je puis ajouter, sur ce point, la garantie de mes propres souvenirs à la déclaration sincère de Catherine Sustrac et de M⁻ᵉ Lacroix. Il existe aussi, en Agenais, un autre conte de *Peau-d'Ane* qui, par la nature et la succession des faits, rappelle exactement celui de Perrault. Les personnes illettrées qui me l'ont récité, le tenaient toutes, directement ou par intermédiaire, de gens qui avaient lu Perrault.

— Je ne veux pas l'épouser.

Le lendemain, l'homme revint travailler dans son champ, près du noyer, et il entendit la voix qui disait :

— Homme, si tu ne me donnes pas une de tes filles en mariage, je te mange.

— Roi de France, ma fille aînée ne veut pas de toi. Je parlerai ce soir à la seconde, et si elle y consent, tu l'auras en mariage.

L'homme rentra chez lui et se mit au lit. A peine était-il couché que sa seconde fille entra dans la chambre.

— Qu'avez-vous, père?

— Je suis malade; tu peux me guérir si tu veux. Il faut épouser le roi de France.

— Je ne veux pas l'épouser.

Le lendemain, l'homme revint travailler dans son champ, près du noyer, et il entendit la voix qui disait :

— Homme, si tu ne me donnes pas une de tes filles en mariage, je te mange.

— Roi de France, ma seconde fille ne veut pas de toi. Je parlerai ce soir à la troisième, et si elle y consent, tu l'auras en mariage.

L'homme rentra chez lui et se mit au lit. A peine était-il couché que sa troisième fille entra dans la chambre.

— Qu'avez-vous, père?

— Je suis malade; tu peux me guérir si tu veux. Il faut épouser le roi de France.

— J'épouserai le roi de France; mais je veux qu'il me donne en présent de noces trois robes : l'une couleur du ciel, l'autre couleur de la lune, et l'autre couleur du soleil. Je veux qu'il me donne aussi un couvert d'or, avec l'assiette et le gôbelet, un *trol* d'or (1), et douze fuseaux d'or avec la filière.

— Tu auras tout cela, dit le roi de France, qui écoutait à la porte.

(1) Le *trol* est un instrument qui sert à faire les écheveaux.

Les présents arrivèrent le lendemain, et le mariage fut fait quinze jours après. En sortant de l'église, le roi de France dit à sa femme :

— Je pars pour un grand voyage. Si dans neuf ans je ne suis pas revenu, tu partiras pour me chercher.

Le roi de France partit pour son grand voyage, et huit années franches se passèrent sans qu'il revint. Sa femme attendit encore un mois; puis elle partit à la recherche de son mari. Au bout de trois jours, elle trouva une peau d'âne sur son chemin et la mit sur son cou. Au bout de trois autres jours, elle arriva au bord d'un ruisseau où des femmes lavaient la lessive.

— Laveuses, avez-vous vu le roi de France ?

— Oui, Peau-d'Ane, nous l'avons vu. Il est là, dans cette église, et il épouse une fille belle comme le jour.

— Merci, laveuses. Pour vous payer ce renseignement, je veux vous aider à laver.

Les laveuses lui donnèrent un torchon noir comme la suie; mais en un moment, Peau-d'Ane le rendit aussi blanc que la plus belle serviette.

En quittant les laveuses, Peau-d'Ane s'en alla sur la porte de l'église, et trouva le roi qui sortait.

— Roi de France, te souviens-tu quand mon père travaillait dans son champ, près du noyer, et que tu lui disais : « Homme, si tu ne me donnes pas une de tes filles en mariage, » je te mange ? »

Le roi de France ne répondit pas, et toujours Peau-d'Ane répétait :

— Roi de France, te souviens-tu quand mon père travaillait dans son champ, près du noyer, et que tu lui disais : « Homme, si tu ne me donnes pas une de tes filles en mariage, » je te mange ? »

Alors le curé s'approcha.

— Roi de France, je te commande, par le salut de ton

âme, de me dire si tu n'as pas épousé d'autre femme avant de te marier ici?

— Non, curé.

Alors Peau-d'Ane se tût et demeura sur la porte jusqu'à la sortie de la mariée.

— Madame, lui dit-elle, n'avez-vous pas besoin d'une servante?

— Oui, Peau-d'Ane, j'en ai besoin d'une pour garder les dindons.

Peau-d'Ane suivit le roi et la reine dans leur château, et le soir elle dit à la reine :

— Madame, laissez-moi coucher avec le roi de France.

— Non, Peau-d'Ane; je n'y ai pas encore couché moi-même.

— Madame, si vous me laissez coucher avec le roi de France, je vous donne un couvert d'or, avec l'assiette et le gobelet.

— Eh bien! Peau-d'Ane, c'est couvenu.

Peau-d'Ane donna à la reine le couvert d'or, avec l'assiette et le gobelet, et alla se coucher à côté du roi de France.

— Roi de France, lui disait-elle toute la nuit, te souviens-tu quand mon père travaillait dans son champ, près du noyer, et que tu disais : « Homme, si tu ne me donnes pas une de » tes filles en mariage, je te mange? »

Mais la reine avait donné au roi de France un breuvage pour le faire dormir, et il ne répondit pas à Peau-d'Ane.

Le lendemain matin la reine entra dans la chambre.

— Allons, Peau-d'Ane, lève-toi : il est temps d'aller garder les dindons.

Peau-d'Ane se leva et s'en alla garder les dindons jusqu'au soir. Alors, elle dit à la reine :

— Madame, laissez-moi coucher avec le roi de France.

— Non, Peau-d'Ane; je n'y ai pas encore couché moi-même, et tu y as couché une fois.

—Madame, si vous me laissez coucher avec le roi de France,

je vous donne un *trol* d'or et douze fuseaux d'or, avec la filière.

— Eh bien ! Peau-d'Ane, c'est convenu.

Peau-d'Ane donna à la reine le *trol* d'or et les douze fuseaux d'or, avec la filière, et alla se coucher à côté du roi de France.

— Roi de France, lui disait-elle toute la nuit, te souviens-tu quand mon père travaillait dans son champ, près du noyer, et que tu disais : « Homme, si tu ne me donnes pas une de tes filles en mariage, je te mange. »

Mais la reine avait donné au roi de France un breuvage pour le faire dormir, et il ne répondit pas à Peau-d'Ane.

Le lendemain matin la reine entra dans la chambre.

— Allons, Peau-d'Ane, lève-toi ; il est temps d'aller garder les dindons.

Peau-d'Ane se leva et s'en alla garder les dindons jusqu'au soir. Alors, elle dit à la reine :

— Madame, laissez-moi coucher avec le roi de France.

— Non, Peau-d'Ane ; je n'y ai pas encore couché moi-même, et tu y as couché deux fois.

— Madame, si vous me laissez coucher avec le roi de France, je vous donne deux robes : l'une couleur du ciel et l'autre couleur de la lune.

— Eh bien ! Peau-d'Ane, c'est convenu.

Peau-d'Ane donna à la reine la robe couleur du ciel et la robe couleur de la lune, et alla se coucher à côté du roi de France.

— Roi de France, lui disait-elle toute la nuit, te souviens-tu quand mon père travaillait dans son champ, près du noyer, et que tu disais : « Homme, si tu ne me donnes pas une de tes filles en mariage, je te mange ? »

Mais la reine avait donné au roi de France un breuvage pour le faire dormir qui était moins fort que les deux autres, et il répondait en pleurant :

— Oui, je m'en souviens. Oui, je m'en souviens.

Le lendemain matin Peau-d'Ane se leva, et quand la reine entra dans la chambre pour lui dire d'aller garder les dindons, elle la trouva vêtue de sa robe couleur du soleil.

— Reine, dit le roi de France, aimerais-tu mieux être la première femme d'un homme ou la seconde?

— J'aimerais mieux être la première.

— Eh bien! tu t'es condamnée toi-même, par ce que tu as fait et par ce que tu as dit. Prends ton couvert d'or, avec l'assiette et le gobelet; prends le *trol* d'or et les douze fuseaux d'or, avec la filière; prends les deux robes, l'une couleur du ciel et l'autre couleur de la lune, et retourne chez tes parents.

La reine descendit aussitôt à l'écurie, fit seller un cheval, et retourna chez ses parents. Peau-d'Ane demeura dans le château, et devint reine à sa place.

<pre>
         Et cric, cric,
         Mon conte est fini;
         Et cric, crac,
       Mon conte est achevé.
      Je passe par mon pré
Avec une cuillerée de fèves qu'on m'a donnée (1).
</pre>

(1) Les narrateurs de l'Agenais ne débutent pas, comme ceux de l'Armagnac, par la formule initiale *Jou sabi un counte*; mais la fin de leurs contes proprement dits est généralement caractérisée par la formule ci-dessus.

II

Les deux Jumeaux

Il y avait une fois (1) un homme qui passait tout son temps à pêcher. Un jour cet homme prit un gros poisson.

— Homme, dit le gros poisson, laisse-moi aller.

— Non, gros poisson, je veux te porter à ma femme qui te fera cuire, et nous te mangerons ensemble.

— Homme, laisse-moi aller. Je t'enseignerai un endroit où tu prendras des poissons tant que tu voudras.

L'homme laissa aller le gros poisson, qui lui enseigna un endroit où il prit autant de poissons qu'il voulût.

Le lendemain, l'homme revint à la pêche et reprit le gros poisson.

— Homme, dit le gros poisson, laisse-moi aller.

— Non, gros poisson, je veux te porter à ma femme qui te fera cuire, et nous te mangerons ensemble.

— Homme, laisse-moi aller; je t'enseignerai un endroit où tu prendras des poissons tant que tu voudras.

L'homme laissa aller le gros poisson, qui lui enseigna un endroit où il prit autant de poissons qu'il voulut.

Quand il rentra à la maison, sa femme lui dit :

— Comment as-tu fait pour prendre tant de poissons hier et aujourd'hui.

— Hier et aujourd'hui, j'ai pris un gros poisson qui m'a demandé de le laisser aller, et qui m'a enseigné deux endroits où j'ai pris des poissons tant que j'ai voulu.

— Écoute, mon homme, si tu reprends ce gros poisson, apporte-le moi; je veux en manger.

---

(1) Écrit sous la dictée de Catherine Sustrac.

Le lendemain, l'homme revint à la pêche et reprit le gros poisson.

— Homme, dit le gros poisson, laisse-moi aller.

— Non, gros poisson, je veux te porter à ma femme qui te fera cuire, et nous te mangerons ensemble.

— Homme, laisse-moi aller; je t'enseignerai un endroit où tu prendras du poisson autant que tu voudras.

— Non, gros poisson, je ne peux pas. J'ai raconté tout à ma femme, qui m'a recommandé de t'apporter, si je te reprenais, parce qu'elle veut te manger.

— Eh bien! homme, puisque je dois être mangé, quand tu seras rentré dans ta maison, tu donneras ma tête à ta chienne, ma queue à ta jument et mon ventre à ta femme. Ta chienne fera deux petits chiens, ta jument deux poulains, et ta femme deux jumeaux.

L'homme revint à sa maison avec le gros poisson, et il donna la tête à sa chienne, la queue à sa jument et le ventre à sa femme.

Au temps voulu, la chienne fit deux petits chiens, la jument deux poulains et la femme deux jumeaux. Les deux petits chiens, les deux poulains et les deux jumeaux grandirent jusqu'à l'âge de vingt ans, et la ressemblance était si grande pour chaque paire, qu'il était impossible de distinguer un homme ou un animal de l'autre.

Au bout de vingt ans, les deux jumeaux prirent chacun un cheval et un chien, et s'armèrent pour aller courir le monde. Ils cheminèrent longtemps, longtemps, longtemps, jusqu'à un carrefour où il y avait une croix de pierre.

— Frère, dit l'aîné des jumeaux, c'est ici qu'il faut nous séparer. Je m'en vais du côté du soleil levant; toi, va-t-en du côté du soleil couchant. Quand tu reviendras à la maison, tu frapperas cette croix de pierre avec ton épée. S'il en coule du sang, cela voudra dire qu'il m'est arrivé malheur. Mais s'il n'en coule rien, ce sera bon signe, et tu pourras suivre ton chemin jusqu'à la maison.

— Frère, cela est convenu, dit le cadet des jumeaux.

Les deux frères se séparèrent et s'en allèrent, l'un au levant et l'autre au couchant. Pendant trois jours et trois nuits, l'aîné chemina dans un grand bois sans rien voir ni rien entendre que les oiseaux du ciel et les bêtes sauvages. Enfin, il arriva dans une ville où tous les gens étaient en deuil et pleuraient.

— Gens de la ville, pourquoi êtes-vous en deuil, et pourquoi pleurez-vous ainsi ?

— Certes, nous avons bien raison d'être en deuil et de pleurer. Il y a dans le bois voisin une grand'bête à sept têtes, qui nous prend chaque année la plus belle de nos jeunes filles. Hier encore, elle nous a fait dire qu'elle viendrait nous manger tous si nous ne lui en amenions pas une. Par force il a fallu obéir, et ce matin nous sommes allés dans le bois lier au pied d'un arbre une demoiselle belle comme le jour.

— Gens de la ville, quittez le deuil et ne pleurez plus. Je vais aller dans le bois, et, s'il plaît à Dieu, je tuerai la grand' bête à sept têtes et délivrerai la demoiselle.

— Dieu t'assiste, brave jeune homme, et te garde de malheur.

L'aîné des jumeaux siffla son chien, tira son épée, et partit pour le bois au grand galop de son cheval. Après trois heures de course, il trouva, liée au pied d'un arbre, la demoiselle belle comme le jour.

— Monsieur, dit la demoiselle, qu'êtes-vous venu faire ici? Retournez-vous-en bien vite. J'entends les cris de la grand'bête à sept têtes qui s'approche. Vous pouvez encore vous sauver pendant qu'elle me mangera.

— Demoiselle, je ne suis pas venu pour fuir. Je veux tuer la grand'bête à sept têtes et vous épouser aujourd'hui. — Hardi ! mon chien. Gagne ton avoine, mon bon cheval.

Pendant trois heures d'horloge, l'aîné des jumeaux combattit la grand'bête à sept têtes, et finit par la percer de part en part. Alors il lui arracha les sept langues qu'il mit dans son mouchoir. Puis il coupa d'un coup d'épée les cordes qui liaient la demoiselle, et la ramena en croupe à la ville.

— Braves gens, j'ai tué la grand'bête à sept têtes. Maintenant, il me faut cette demoiselle pour femme.

— Oui, oui, brave jeune homme, épouse-la; tu l'as bien gagnée.

L'aîné des jumeaux mena aussitôt la demoiselle à l'église et l'épousa. La noce dura jusqu'à minuit, et, au premier coup de cloche, tout le monde alla se coucher. Le lendemain, au point du jour, le mari réveilla sa femme.

— Femme, habille-toi, et allons nous promener dans la campagne.

La dame s'habilla et suivit son mari à la promenade.

— Femme, dit le mari, quelle est cette maisonnette que je vois là-bas? Je veux l'acheter pour m'y reposer quand j'irai à la chasse.

— Gardez-vous-en bien, mon bon ami; c'est une maisonnette mal habitée. Si vous y alliez, il vous arriverait malheur.

L'aîné des jumeaux ne répondit rien; mais il ramena sa femme à la ville, et revint seul frapper à la porte de la maisonnette.

— Pan! pan! pan!
— Que demandes-tu?
— Ouvrez, ou j'enfonce la porte.
— La porte est en cœur de chêne et en fer, avec de bonnes serrures et des verroux solides. Tu ne l'enfonceras pas. Si tu veux entrer, arrache un cheveu de ta tête, et fais-nous le passer par la chatière.

L'aîné des deux jumeaux arracha un cheveu de sa tête et le fit passer par la chatière; mais, aussitôt, la terre l'engloutit.

Pendant que tout cela se passait, la dame, qui ne savait rien, demandait des nouvelles de son mari.

— Savez-vous où il est allé ? disait-elle à tout le monde.

— Madame, nous l'avons vu de loin entrer dans la maisonnette mal habitée ; mais nous ne l'en avons pas vu sortir.

— Ah ! mon Dieu ! il lui sera arrivé malheur.

Pendant que la dame pleurait toutes les larmes de ses yeux et priait Dieu de lui rendre son mari, le cadet des jumeaux avait fini son voyage au couchant, et retournait dans son pays, monté sur son cheval et suivi de son chien. Arrivé au carrefour où était la croix de pierre, il se souvint de la promesse qu'il avait faite à son frère aîné. Aussitôt il tira son épée et frappa la croix. A la première entaille, le sang coula.

— Ah ! mon Dieu ! il est arrivé malheur à mon frère aîné.
— Hardi ! mon chien. Gagne ton avoine, mon bon cheval.

Au soleil couchant, le cadet des jumeaux était dans la ville où la femme de son frère pleurait toutes les larmes de ses yeux, et priait Dieu de lui ramener son mari.

— Madame, madame, crièrent les gens de la ville, voici votre mari qui revient.

— Ah ! mon Dieu, mon bon ami, je craignais qu'il ne vous fût arrivé malheur dans la maisonnette mal habitée.

Le cadet des jumeaux ressemblait tellement à son frère aîné, que tout le monde le prenait pour lui. Il soupa avec la dame et s'alla coucher avec elle. Mais à peine fût-il au lit qu'il se tourna du côté du mur et s'endormit comme une souche, de sorte qu'il ne se passa rien de toute la nuit. Le lendemain, à la pointe du jour, il sella son cheval, siffla son chien, et s'en alla frapper à la porte de la maisonnette mal habitée.

— Pan ! pan ! pan !
— Que demandes-tu ?
— Ouvrez, ou j'enfonce la porte.
— La porte est en cœur de chêne et en fer, avec de bonnes serrures et des verroux solides. Tu ne l'enfonceras pas. Si tu veux entrer, arrache un cheveu de ta tête et fais-le passer par la chatière.

Le cadet des jumeaux arracha un crin de la crinière de son cheval, et le fit passer par la chatière; mais, aussitôt, la terre engloutit le cheval. Alors le cavalier entra avec son chien par la porte ouverte, et tua toutes les méchantes gens qui étaient dans la maisonnette. Cela fait, il dépava la chambre basse, et délivra son frère et son cheval.

— A présent, frère, il faut retourner à la ville. Quand nous y serons, je verrai si tu es un homme avisé.

Quand ils arrivèrent à la ville, les gens furent fort étonnés de voir deux hommes, deux chevaux et deux chiens, si parfaitement semblables; et la femme de l'aîné ne savait comment reconnaître son mari.

— Femme, dit le cadet, ne me reconnais-tu pas?

— Femme, dit l'aîné, ne me reconnais-tu pas?

— Vous vous ressemblez tellement, que je ne suis pas en état de choisir. Que celui de vous deux qui est mon mari, m'en donne la preuve.

Alors l'aîné des jumeaux tira de sa poche le mouchoir où étaient les sept langues de la grand'bête.

— C'est vous qui êtes mon mari.

— Frère, dit le cadet, je vois que tu es un homme avisé. Demeure ici avec ta femme, et que Dieu vous maintienne en contentement et santé. Moi, je m'en retourne à la maison, et je donnerai de vos nouvelles à nos parents.

Et cric, cric,
Mon conte est fini;
Et cric, crac,
Mon conte est achevé.
Je passe par mon pré
Avec une cuillerée de fèves qu'on m'a donnée.

III

Les deux Filles

Il y avait une fois (1) un homme et une femme qui avaient une fille jolie comme le jour. La femme mourut, et l'homme se remaria avec une femme qui accoucha d'une autre fille laide comme le péché.

Quand les deux filles furent grandelettes, la marâtre, qui ne pouvait pas sentir la jolie fille et qui la rossait vingt fois par jour, dit à son homme :

— Prends ta fille et va la faire perdre.

L'homme avait pitié de la jolie fille ; mais il avait peur de sa femme, et il répondit :

— Je ferai ce que tu veux.

Mais la jolie fille, qui était cachée derrière la porte, avait tout entendu, et aussitôt elle courut le dire à sa marraine.

— Filleule, dit la marraine, remplis tes poches de cendres que tu sèmeras sur ton chemin. Par ce moyen tu rentreras à la maison.

La jolie fille revint au galop chez son père, et remplit ses poches de cendres. A peine avait-elle fini, que son père lui dit :

— Allons chercher des champignons dans le bois.

Ils partirent pour le bois ; mais le père n'avait pas le cœur à chercher des champignons. Tout en marchant, la jolie fille semait sur son chemin les cendres qu'elle avait dans ses poches, comme sa marraine le lui avait dit. Enfin, le père se jeta dans un fourré sans être vu, laissa la jolie fille seulette, et revint dans sa maison à l'entrée de la nuit.

— Eh bien ! mon homme, as-tu fait perdre ta fille ?

(1) Écrit sous la dictée de Catherine Sustrac, contrôlée par Mme Lacroix

— C'est fait.

— Eh bien! mon homme, pour ta peine tu vas manger avec nous une assiettée de *cruchade* (1).

Tout en mangeant la cruchade, l'homme pensait à la jolie fille qu'il avait abandonnée toute seulette dans le bois, et disait :

— Ah! si la pauvrette était ici, elle mangerait aussi sa portion de cruchade.

— Je suis ici, père, dit la jeune fille qui avait retrouvé son chemin au moyen des cendres, et qui écoutait à la porte.

Le père fut bien content de voir la jolie fille revenue et mangeant sa portion de cruchade de bon appétit. Mais quand elle fut allée se coucher avec sa sœur, la marâtre lui dit :

— Tu es une bête, tu n'as pas conduit ta fille assez loin. Ramène-la demain dans le bois, et tâche qu'elle ne revienne pas.

L'homme avait pitié de la jolie fille; mais il avait peur de sa femme, et il dit :

— Je ferai ce que tu veux.

Mais la jolie fille qui s'était levée de son lit et qui écoutait, cachée derrière la porte, avait tout entendu. Aussitôt elle courut le dire à sa marraine.

— Filleule, dit la marraine, remplis tes poches de graines de lin que tu sèmeras sur ton chemin. Par ce moyen tu rentreras à la maison.

La jolie fille revint au galop chez son père, remplit ses poches de graines de lin et se remit au lit. Le lendemain matin, son père entra dans sa chambre et lui dit :

— Allons chercher des champignons dans le bois.

Ils partirent pour le bois; mais le père n'avait pas le cœur à chercher des champignons. Tout en marchant, la jolie fille semait la graine de lin qu'elle avait dans ses poches, comme sa marraine le lui avait dit. Enfin, le père se jeta dans un

---

(1) Bouillie épaisse faite avec de la farine de maïs.

fourré sans être vu, laissa la jolie fille seulette, et s'en revint dans sa maison à l'entrée de la nuit.

— Eh bien! mon homme, as-tu fait perdre ta fille?

— C'est fait.

— Eh bien! mon homme, pour ta peine tu vas manger avec nous une assiettée de cruchade.

Tout en mangeant la cruchade, l'homme pensait à la jolie fille qu'il avait abandonnée toute seulette dans le bois, et disait :

— Ah! si la pauvrette était ici, elle mangerait aussi sa portion de cruchade.

— Je suis ici, père, dit la jolie fille qui avait retrouvé son chemin au moyen de la graine de lin, et qui écoutait à la porte.

Le père fut bien content de voir la jolie fille revenue et mangeant sa portion de cruchade de bon appétit. Mais quand elle fut allée se coucher avec sa sœur, la marâtre lui dit :

— Tu es une bête, tu n'as pas conduit ta fille encore assez loin. Ramène-la demain dans le bois, et tâche qu'elle ne revienne pas.

L'homme avait pitié de la jolie fille; mais il avait peur de sa femme, et il dit :

— Je ferai ce que tu veux.

Mais la jolie fille qui s'était levée de son lit et qui écoutait, cachée derrière la porte, avait tout entendu. Aussitôt elle courut le dire à sa marraine.

— Filleule, dit la marraine, remplis tes poches de grains de mil que tu sèmeras sur ton chemin. Par ce moyen tu rentreras à la maison.

La jolie fille revint au galop chez son père, remplit ses poches de grains de mil et se remit au lit. Le lendemain matin son père entra dans sa chambre et lui dit :

— Allons chercher des champignons dans le bois.

Ils partirent pour le bois; mais le père n'avait pas le cœur à chercher des champignons. Tout en marchant, la jolie fille semait les grains de mil qu'elle avait dans ses poches, comme sa marraine lui avait dit. Enfin, le père se jeta dans un fourré sans être vu, laissa la jeune fille seulette, et s'en revint dans sa maison.

Mais quand la jolie fille voulut reprendre son chemin au moyen des grains de mil, il se trouva qu'ils avaient été mangés par les pies. Elle marcha longtemps, longtemps, longtemps à travers le bois, jusqu'à un château grand comme la ville d'Agen.

— Pan! pan!

— Qui frappe?

— C'est une pauvre fille qui a perdu son chemin, et qui demande à souper et à loger.

La dame du château envoya la jolie fille souper à la cuisine avec ses valets et ses servantes, et commanda qu'on lui donnât un bon lit. Le lendemain matin elle la fit venir dans sa chambre, et ouvrit la porte d'un cabinet qui était tout plein de robes.

— Jolie fille, quitte tes hardes, et choisis les habits que tu voudras.

La jolie fille choisit la robe la plus laide. Alors la dame du château la força de prendre la plus belle, et de la mettre sur-le-champ. Ensuite elle ouvrit un grand coffre plein de pièces et de bijouterie.

— Jolie fille, prends dans ce coffre tout ce que tu voudras.

La jolie fille ne prit que deux liards et une bague de cuivre. Alors la dame du château la chargea de quadruples, de bagues, de chaînes et de pendeloques d'or, et la mena à l'écurie.

— Jolie fille, prends la bête que tu voudras, avec la bride et la selle.

Mais la jolie fille ne prit qu'un âne, un licou de corde et une mauvaise couverture. Alors la dame du château la força de prendre le plus beau cheval, la plus belle bride et la plus belle selle.

— Maintenant, lui dit-elle, monte à cheval et reviens dans ton pays. Ne te retourne point du côté du château que tu ne sois là-bas, au sommet de cette côte. Alors, lève la tête et attends.

La jolie fille remercia bien la dame du château, monta à cheval, et partit pour son pays, sans jamais se retourner Quand elle fut au sommet de la côte, elle leva la tête et attendit. Alors trois étoiles descendirent du ciel : deux se reposèrent sur sa tête, et une sur son menton.

Comme elle se remettait en route, un jeune homme s'en revenait de la chasse, monté sur son grand cheval, avec neuf chiens lévriers à sa suite : trois noirs comme des charbons, trois rouges comme le feu, et trois blancs comme la plus fine toile. Quand il vit une si belle cavalière, il mit son chapeau à la main.

— Demoiselle, dit-il, je suis le fils du roi d'Angleterre. J'ai roulé le monde pendant sept ans, et je n'ai trouvé aucun homme aussi fort et aussi hardi que moi. Si vous le voulez, je serai votre compagnon, pour vous défendre contre les méchantes gens.

— Merci, fils du roi d'Angleterre; je saurai bien retrouver seulette le chemin de mon pays. Mais je n'ose pas retourner à la maison par crainte de ma marâtre, qui ne peut me voir à cause de sa fille, laide comme le péché. Par trois fois elle a forcé mon père d'aller me perdre dans un bois.

Alors le fils du roi d'Angleterre entra dans une colère terrible. Il tira son épée et siffla ses chiens lévriers :

— Jolie fille, montre-moi le chemin de ta maison. Je veux aller faire manger par ma meute ton père, ta marâtre et ta sœur.

— Fils du roi d'Angleterre, votre meute est à votre commandement; mais vous ne ferez pas cela. S'il plaît à Dieu, il ne sera pas dit que mon père, ma marâtre et ma sœur auront souffert le moindre mal à cause de moi.

Mais le fils du roi d'Angleterre ne voulait rien entendre, et criait comme un aigle :

— Eh bien, je dirai à mon juge rouge : « Juge-les tous les trois à mort. » Je le paie : il faut qu'il gagne son argent.

— Fils du roi d'Angleterre, votre juge rouge est à votre commandement; mais vous ne ferez pas cela. S'il plaît à Dieu, il ne sera pas dit que mon père, ma marâtre et ma sœur auront souffert le moindre mal à cause de moi.

— Eh bien, si vous voulez que je leur pardonne, il faut que vous soyez ma femme.

— Fils du roi d'Angleterre, je serai votre femme si vous voulez leur pardonner.

Le fils du roi d'Angleterre épousa la jolie fille, qui fut bien heureuse avec lui et devint la plus grande dame du pays. Peu de temps après la noce, la sœur, laide comme le péché, apprit ce qui s'était passé et dit :

— J'irai au bois, moi aussi, et il m'en arrivera autant.

Elle partit pour le bois et marcha longtemps, longtemps, longtemps. Enfin, elle arriva à la porte du château grand comme la ville d'Agen.

— Pan! pan!
— Qui frappe!
— C'est une pauvre fille qui a perdu son chemin, et qui demande à souper et à loger.

La dame du château envoya la fille laide comme le péché souper à la cuisine, avec ses valets et ses servantes, et commanda qu'on lui donnât un bon lit. Le lendemain, elle la fit venir dans sa chambre, et ouvrit la porte du cabinet qui était tout plein de robes.

— Mie, quittes tes hardes, et choisis les habits que tu voudras.

La fille laide comme le péché choisit la plus jolie robe. Alors la dame du château la força de prendre la plus laide, et de la mettre sur-le-champ. Ensuite elle ouvrit le coffre plein de pièces et de bijouterie.

— Mie, prends dans ce coffre ce que tu voudras.

La fille laide comme le péché choisit des quadruples, des

bagues, des chaînes et des pendeloques d'or; mais la dame du château ne lui laissa prendre que deux liards et une bague en cuivre. Cela fait, elle la mena à l'écurie.

— Mie, choisis la bête que tu voudras, avec la bride et la selle.

La fille laide comme le péché choisit le plus beau cheval, la plus belle bride et la plus belle selle; mais la dame du château ne lui laissa prendre qu'un âne, un licou de corde et une mauvaise couverture.

— Maintenant, lui dit-elle, monte sur ton âne, et reviens dans ton pays. Ne te retourne pas que tu ne sois là-bas au sommet de cette côte. Alors, lève la tête et attends.

La fille laide comme le péché ne remercia pas la dame du château. Elle monta sur son âne et repartit pour son pays; mais elle se retourna avant d'arriver au sommet de la côte et attendit. Alors trois bouses de vache tombèrent sur elle, deux sur la tête, et une sur le menton.

Comme elle se remettait en route, elle rencontra un vieil homme, sale comme un peigne et ivrogne comme une barrique.

— Mie, dit-il, je te trouve faite à ma fantaisie. Il faut que tu sois ma femme, ou tu ne mourras que de mes mains.

Par force la fille laide comme le péché dut suivre l'ivrogne dans sa maison et consentir au mariage. Depuis lors, son mari continue de boire comme un trou, et rosse sa femme vingt fois par jour.

>Et cric, cric,
>Mon comte est fini;
>Et cric, crac,
>Mon conte est achevé.
>Je passe par mon pré,
>Avec une cuillerée de fèves qu'on m'a donnée.

IV

La Jambe d'or

Il y avait une fois (1) une dame belle comme le jour. Cette dame se cassa la jambe un soir, en descendant sans chandelle l'escalier de sa maison. Le mari fit appeler un médecin.

— Bonjour, médecin.

— Bonjour, monsieur.

— Médecin, tu vas arranger la jambe de ma femme, et pour ta peine je te donnerai de l'or et de l'argent tant que tu voudras.

— Monsieur, ni moi ni personne ne sommes en état d'arranger cette jambe. Il faut la couper.

— Eh bien, médecin, fais ton métier.

Le médecin coupa la jambe de la dame, et le mari s'en alla chez un bijoutier commander pour sa femme une jambe d'or. Cette jambe était si bien faite, que la dame s'en servait pour aller où elle voulait, sans boiter ni se servir d'un bâton.

Au bout de sept ans, la dame mourut, et le mari donna ordre de l'enterrer avec sa jambe d'or. Sa volonté fut faite ; mais la nuit même de l'enterrement, un valet sortit secrètement de la maison. Il s'en alla au cimetière, déterra la dame, lui prit la jambe d'or, et rentra la cacher dans son armoire. A peine s'était-il couché, qu'on entendit une voix crier :

— D'or, d'or, rendez-moi ma jambe d'or.

Le lendemain matin, à l'Angelus, le fossoyeur vint trouver le mari et lui dit :

— Bonjour, monsieur. Je viens du cimetière. Votre femme qui est sous terre ne fait que crier : « D'or, d'or, rendez-moi

(1) Raconté par Marianne Bensc.

ma jambe d'or. » Envoyez quelqu'un, je vous prie, pour savoir ce qu'elle veut.

Le mari se rendit au cimetière.

— Que veux-tu, mie ?

— D'or, d'or, rendez-moi ma jambe d'or.

— Mie, tu as tort de te plaindre ; j'ai donné ordre de t'enterrer avec ta jambe.

— D'or, d'or, rendez-moi ma jambe d'or.

— Mie, tu n'es pas raisonnable. Si tu n'as rien de mieux à me dire, bonjour. Je te ferai dire des messes.

Le mari s'en retourna à la maison ; mais une heure après, le fossoyeur revint lui dire :

— Bonjour, monsieur. Je viens du cimetière. Votre femme qui est sous terre ne fait que crier : « D'or, d'or, rendez-moi ma jambe d'or.» Envoyez quelqu'un, je vous prie, pour savoir ce qu'elle veut.

Le mari y envoya la servante.

— Que voulez-vous, madame ?

— D'or, d'or, rendez-moi ma jambe d'or.

— Madame, vous avez tort de vous plaindre. On vous a enterrée avec votre jambe d'or.

— D'or, d'or, rendez-moi ma jambe d'or.

— Madame, vous n'êtes pas raisonnable. Si vous n'avez rien de mieux à me dire, bonjour. Votre mari vous fera dire des messes.

La servante s'en retourna à la maison ; mais une heure après le fossoyeur revint diré au mari :

— Bonjour, Monsieur. Je viens du cimetière. Votre femme qui est sous terre, ne fait que crier : « D'or, d'or, rendez-moi ma jambe d'or. » Envoyez quelqu'un, je vous prie, pour savoir ce qu'elle veut.

Le mari voulut y envoyer le valet.

— Monsieur, je n'ose pas.

— Va-s-y, peureux.

— Monsieur, je n'ose pas.

— Va-s-y, te dis-je, ou je te tue d'un coup de fusil.

Par force le valet partit pour le cimetière.

— Que voulez-vous, madame ?

— C'est toi que je veux.

La dame sortit de sa fosse, emporta le valet sous terre, et le mangea.

Et cric, cric,
Mon conte est fini;
Et cric, crac,
Mon conte est achevé
Je passe par mon pré
Avec une cuillerée de fèves qu'on m'a donnée.

V

Le Lait de Madame

Madame demande du lait (1). Je vais trouver la vache. La vache me dit :

— Je te donnerai du lait; donne-moi du foin.

Je vais trouver le pré. Le pré me dit :

— Je te donnerai du foin; donne-moi une faux.

Je vais trouver le forgeron. Le forgeron me dit :

— Je te donnerai une faux; donne-moi du lard.

Je vais trouver le porc. Le porc me dit :

— Je te donnerai du lard; donne-moi du gland.

Je vais trouver le chêne. Le chêne me dit :

— Je te donnerai du gland; donne-moi du vent.

Je vais trouver la mer pour avoir du vent.

La mer m'évente, j'évente le chêne; le chêne m'englande, j'englande le porc; le porc m'enlarde, j'enlarde le forgeron; le forgeron m'entaille, j'entaille (fauche) le pré; le pré m'enfoine, j'enfoine la vache; la vache m'enlaite, j'enlaite Madame.

(1) Raconté par Annette Hugonis, de Puymirol, actuellement domestique chez M. Ernest Rosebach.

VI

La Chèvre et le Loup

La chèvre et le loup (1) voulurent devenir riches, et s'associèrent pour travailler une métairie.

— Loup, dit la chèvre, les bons comptes font les bons amis. Avant de nous mettre au travail, il faut bien faire nos accords et convenir de la part que chacun doit prendre dans les récoltes. L'un de nous aura ce qui poussera sous la terre, et l'autre ce qui poussera dessus. Choisis; je me contente de ce que tu ne voudras pas.

— Je choisis ce qui poussera dessus.

La chèvre sema toute la métairie en aulx, oignons et raves; de sorte qu'elle eut les têtes de tous ces légumes, et que son pauvre associé n'en eut que les queues.

— Je me suis trompé l'année passée, dit le loup, et je choisis pour celle-ci tout ce qui poussera sur la terre.

La chèvre sema toute la métairie en blé et en seigle; de sorte qu'elle eut tout le grain et toute la paille, et que son pauvre associé n'eut que les racines.

Alors le loup se promit de punir la chèvre de ses mauvais tours, et de profiter de la première occasion où il serait seul avec elle pour la manger. Mais celle-ci devina la pensée du loup et se tint sur ses gardes, en attendant le moment de se débarrasser de son ennemi.

Un jour le loup s'en alla trouver la chèvre.

— Bonjour, chèvre.

— Adieu, loup.

— Chèvre, j'ai de bien mauvaise soupe à la maison, et je viens goûter la tienne.

(1) Écrit sous la dictée de Catherine Sustrac.

— Avec plaisir, loup.

La chèvre servit au loup une grande assiettée de soupe, et ensuite ils allèrent se promener jusqu'à une église dont la porte était trouée.

— Chèvre, dit le loup, entrons dans cette église pour prier Dieu.

— Avec plaisir, loup.

— A présent que nous sommes entrés, chèvre, il faut que je te mange.

— Imbécile, je suis vieille et maigre; tu ferais un triste repas. Mange plutôt cette miche de pain de quinze livres que quelqu'un a mise pour le curé sur la marche de l'autel.

— Tu as raison, chèvre.

Le loup se jeta sur la miche, et la chèvre profita de ce moment pour sortir par le trou de la porte. Mais quand le loup voulut en faire autant, il se trouva que tout le pain qu'il avait avalé lui avait tellement enflé le ventre, qu'il ne pouvait pas passer.

— A mon secours, chèvre; le trou de la porte s'est rapetisé.

— Non, loup; c'est ton ventre qui s'est enflé. Tâche de sortir de l'église en grimpant le long de la corde de la cloche.

Le loup se pendit à la corde et mit la cloche à la volée, de sorte que les gens de la paroisse accoururent à ce tapage. Quand ils virent à qui ils avaient affaire, ils s'armèrent de fourches et de bâtons, de sorte que la vilaine bête faillit y laisser le cuir, et s'échappa toute en sang. La chèvre qui regardait de loin riait comme une folle.

— Ah! chèvre, les gens de cette paroisse sont de bien mauvais chrétiens. Vois dans quel état ils m'ont mis devant l'autel même du Bon Dieu. Je n'en puis plus, et je donnerais dix ans de ma vie contre un peu d'eau pour laver mes blessures et me guérir de la soif que me donne tout le pain que j'ai mangé.

— Eh bien! loup, saute dans ce puits. Quand tu auras lavé tes plaies et bu à ta soif, je t'aiderai à remonter.

Le loup sauta dans le puits, lava ses plaies et but à sa soif.

— Maintenant, chèvre, aide-moi à remonter.

— Loup, tu es dans le puits; demeures-y.

Et cric, cric,
Mon conte est fini;
Et cric, crac,
Mon conte est achevé
Je passe par mon pré,
Avec une cuillerée de fèves qu'on m'a donnée.

VII

La Goulue

Il y avait une fois (1) un homme et une femme qui avaient une fille de dix-huit ans. Cette fille était si goulue qu'elle n'avait jamais la tête aux danses et aux galants, et qu'elle ne pensait qu'à manger de la viande crue. Un jour son père et sa mère eurent besoin d'aller à Agen, au temps de la foire du Pin.

— Goulue, lui dirent-ils, nous allons à la foire à Agen. Garde bien la maison, et pour ta peine nous te rapporterons ce que tu voudras.

— Rapportez-moi de la viande crue.

Le père et la mère partirent pour Agen, et quand ils eurent fait leurs affaires, ils coururent tous les bouchers de la ville pour acheter de la viande. Mais force gens étaient venus à la foire et s'étaient pourvus de bonne heure, de sorte que les bouchers n'avaient plus rien à vendre. Le soleil commençait à baisser, et les parents de la goulue reprirent le chemin de leur village.

— Comment ferons-nous? disaient-ils en marchant. Nous avons promis de la viande crue à la goulue, et nous n'en avons trouvé chez aucun boucher de la ville d'Agen.

Alors la femme dit à l'homme :

— Il fait nuit; entrons dans ce cimetière où on a enterré un mort ce matin. Déterrons-le, coupons-en un morceau, et portons-le à la goulue.

Tous deux entrèrent dans le cimetière, déterrèrent le mort, lui coupèrent la jambe gauche, et rentrèrent à la maison.

— Tiens, goulue, voici la viande crue que nous te rapportons de la foire.

(1) Écrit sous la dictée de Catherine Sustrac.

La goulue se jeta sur la jambe et la rongea jusqu'au dernier morceau. Cela fait, elle prit le couteau de son père, cassa l'os et suça la moëlle.

L'heure vint d'aller se coucher; mais pendant toute la nuit on entendit dans la maison une voix qui criait :

— Rends-moi ma jambe. Rends-moi ma jambe.

Le lendemain, le père et la mère partirent de bonne heure avec la goulue pour aller travailler aux champs. Quand vint l'heure du déjeûner, il se trouva que le père avait oublié son couteau.

— Goulue, dit-il, va-t-en me chercher mon couteau à la maison.

— Je n'ose pas.

— Va-s-y, te dis-je, ou je vais te faire marcher.

La goulue partit; mais quand elle entra dans la maison, elle trouva pendu à la crémaillère de la cheminée, un mort à qui il manquait la jambe gauche.

— Goulue, dit-il, allume le feu et fais chauffer de l'eau.

La goulue alluma le feu et fit chauffer de l'eau.

— Goulue, lave-moi ma jambe droite.

La goulue lava la jambe droite.

— Goulue, lave-moi ma jampe gauche.

— Mort, tu n'as pas de jambe gauche.

— Qui donc me la prise?

— Je ne sais pas.

— Moi je le sais. Ton père et ta mère m'ont déterré et m'ont coupé la jambe gauche que tu as mangée.

Alors le mort prit la goulue, l'emporta dans sa fosse au cimetière et la mangea.

Et cric, cric,
Mon conte est fini ;
Et cric, crac,
Mon conte est achevé.
Je passe par mon pré,
Avec une cuillerée de fèves qu'on m'a donnée.

VIII

La gardeuse de dindons.

Il y avait une fois (1) un roi qui aimait beaucoup le sel. Ce roi était veuf, et avait trois filles à marier. Il avait aussi un valet avisé comme il n'y en a guère. Un jour que ce valet était occupé à pétrir dans le fournil, le roi vint le trouver et lui dit :

— Valet, tu es un homme de sens, et je veux te consulter sur une affaire fort secrète.

— Maître, je n'aime pas les secrets. Si vous devez parler de votre affaire à un autre qu'à moi, ne m'en dites pas un mot. Vous croiriez que c'est moi qui vous ai trahi, et vous me chasseriez de chez vous.

— Je n'en parlerai qu'à toi.

— Alors j'écoute.

— Valet, j'ai trois filles à marier; je suis vieux, et je ne veux plus être roi. Quand tu auras fini de pétrir, tu iras chercher le notaire. Je veux me réduire à une pension, et partager mon bien entre mes trois filles.

— Maître, à votre place je ne ferais pas cela.

— Pourquoi, valet ?

— Maître, celui qui n'a plus rien est bien vite méprisé. A votre place je garderais ma terre, et je doterais mes filles raisonnablement le jour de leur mariage.

— Valet, mes filles m'aiment; je ne crains rien.

— Maître, mettez-les à l'épreuve avant de vous décider.

Le roi remonta dans sa chambre, et commanda qu'on fît venir ses trois filles.

— M'aimes-tu ? dit-il à l'aînée.

(1) Écrit sous la dictée de Marianne Bense.

— Mon père, je vous aime plus que tout au monde.

— Bien. Et toi, ma cadette, m'aimes-tu ?

— Mon père, je vous aime plus que tout au monde.

— Bien. Et toi, ma dernière, m'aimes-tu ?

— Mon père, je vous aime autant que vous aimez le sel.

— Méchante langue ! Tu insultes ton père. Rentre dans ta chambre, et attends-y que j'aie décidé ce qu'il faut faire de toi.

La fille dernière rentra dans sa chambre : alors ses deux aînées dirent à leur père :

— Notre sœur vous a insulté : elle mérite la mort.

— Elle mourra ; mais vous autres vous m'aimez, et vous ne tarderez pas à recevoir votre récompense. Attendez-moi ici.

Le roi redescendit au fournil où le valet pétrissait toujours, et lui conta ce qui venait de se passer.

— Maintenant, valet, l'épreuve est faite. Va me chercher le notaire, pour qu'il partage ma terre entre mes deux filles aînées, et le bourreau pour qu'il fasse mourir ma dernière.

— Maître, les paroles sont des femelles ; mais les actions sont des mâles. Votre épreuve n'est pas bonne, et à votre place je jugerais mes filles sur ce qu'elles feront, et non pas sur ce qu'elles ont dit.

— Tais-toi, valet : tu ne sais pas ce que tu dis. Tais-toi, ou je t'assomme de coups de bâton.

Quand le valet vit le roi brandir son bâton, il fit semblant de changer d'avis.

— Eh bien, maître, j'ai tort, et vous parlez comme un livre. Faites à votre volonté. Je vais aller chercher le notaire, et je veux servir moi-même de bourreau à votre dernière fille. Je la mènerai dans un bois, je la tuerai, et je vous apporterai sa langue.

— Tu vois bien, valet, que tu es de mon avis. Va-t-en d'abord chercher le notaire.

Le valet alla chercher le notaire, et le roi maria ses filles sur le champ, en donnant la moitié de sa terre à chacune d'elles.

— Notaire, dit-il, je me réserve, pendant toute ma vie, d'aller chaque année vivre six mois chez ma fille aînée, et six mois chez la cadette. Ne manque pas d'écrire cela sur ton papier.

Le notaire était une grande canaille, qui fut condamné, la même année aux galères pour le restant de sa vie. Il avait reçu secrètement de l'argent des deux filles aînées, et il n'écrivit pas sur son papier ce que le roi s'est réservé.

— Maître, dit le valet, Dieu veuille que ce qui est fait soit bien fait. Maintenant je vais mener votre fille dans le bois, pour lui faire passer le goût du pain et vous apporter sa langue.

— Va-s-y, valet; quand tu sera revenu, je te récompenserai.

Le valet alla chercher une chaîne et la passa au cou de la pauvre fille. Cela fait, il prit son sabre et siffla sa chienne.

— Allons, insolente! allons, malheureuse! tu n'as pas longtemps à vivre. Recommande ton âme à Dieu, à la sainte Vierge et aux saints.

Ainsi criait le valet, tant qu'il était à même d'être entendu par le roi; mais dans le bois ce fut autre chose.

— Demoiselle, n'ayez pas peur. J'ai fait tout ceci pour vous sauver du bourreau. Vos chemises et vos plus belles hardes sont dans ma besace. J'y ai mis aussi des habits de paysanne que vous allez revêtir tout de suite. Avant de me louer comme valet chez votre père, j'ai servi dans le château d'un autre roi. Sa femme ne me refusera pas de vous prendre comme gardeuse de dindons, et là vous serez bien cachée.

En effet, le valet amena la fille du roi à ce château. La reine la prit à son service comme gardeuse de dindons, et lui donna son logement dans une chambrette sous un escalier. Cela fait, le valet revint chez son maître; mais en traversant le bois, il tira son sabre, tua sa chienne, et lui arracha la langue.

— Maître, j'ai tué votre fille, et je vous apporte sa langue.

— Valet, je suis content de toi. Voilà cent louis d'or pour ta peine.

— Cent louis d'or, maître, ce n'est pas assez pour ce travail.

— Eh bien, en voilà cent autres.

— Et vous, mesdames, ne me donnerez-vous rien pour avoir tué votre sœur et vous avoir apporté sa langue ?

— Valet, nous te donnerons chacune autant que notre père.

— Merci, maître. Merci, mesdames.

Le lendemain de cette affaire, les deux filles aînées prirent chacune son mari, et s'en allèrent trouver le roi.

— Père, vous n'êtes plus ici chez vous. La partie droite de ce château appartient à l'aînée, et la gauche à la cadette. Allez-vous en ou vous voudrez.

— Méchantes filles, vous me payez mal de tout le bien que je vous ai fait. Je ne veux pas m'en aller. Le papier du notaire me donne le droit, pendant toute ma vie, d'aller vivre six mois chez ma fille aînée, et six mois chez la cadette.

— Parle papier ; tais-toi langue. Le notaire n'a pas écrit cela.

— Le notaire est aussi canaille que vous.

— Allons ! leste ! allez-vous en, ou gare les chiens.

Le pauvre roi sortit du château : sur le pas de la porte il rencontra le valet.

— Où allez-vous, maître ?

— Je m'en vais à la volonté de Dieu. Ce château n'est plus le mien, et mes filles et mes gendres m'en ont chassé. Pourquoi m'as-tu si mal conseillé quand je voulais partager ma terre entre mes filles ?

— Maître, je vous ai dit : « Éprouvez-les. » Vous avez cru aux paroles qui sont des femelles, tandis que les actions sont des mâles, et vous avez agi à votre tête. Mais ce qui est fai est fait, et le regret ne sert de rien. Attendez-moi là un moment; nous allons partir ensemble. Je veux toujours être votre valet.

— Reste ici, pour ton bien. Je n'ai plus de quoi te payer et te nourrir.

— Je vous servirai pour rien, et j'ai de quoi vivre pour nous deux.

— Comme tu voudras.

Le valet rentra dans le château, et revint un moment après avec une besace pleine sur le dos.

— Allons, partons.

Au bout de sept jours de marche ils arrivèrent dans un pays où ils trouvèrent en vente une petite métairie, avec une maison de maître. Le valet l'acheta, et la paya comptant avec les louis d'or qu'il avait reçus pour sa peine, quand on croyait qu'il avait fait mourir la dernière fille du roi.

— Maître, cette petite métairie est la votre. Buvez, mangez et promenez-vous, pendant que je travaillerai les champs et les vignes.

— Merci, valet. Il y a force maîtres qui ne te valent pas.

Pendant que tout cela se passait, la dernière fille que son père croyait morte, demeurait toujours, comme gardeuse de dindons, dans le château du roi où le valet l'avait placée. Ce roi avait un fils si fort, si hardi et si beau garçon, que toutes les filles du pays en tombaient amoureuses. La gardeuse de dindons en tomba amoureuse comme les autres; mais il ne faisait aucune attention à elle.

— Mal appris, pensait-elle souvent, je te forcerai bien à faire attention à moi.

Le temps du carnaval arriva, et chaque soir, après souper, le fils du roi s'habillait de neuf et montait à cheval, pour s'en aller danser jusqu'au lendemain matin, dans les châteaux du voisinage. Que fit la gardeuse de dindons? Pendant la veillée elle se dit malade, et fit semblant de s'aller coucher. Mais elle descendit secrètement à l'écurie, sella et brida un cheval, et lui donna double picotin d'avoine. Ensuite elle remonta dans sa chambre et ouvrit la besace où étaient les hardes qu'elle avait rapporté de chez son père. Cela fait, elle se peigna avec un peigne d'or, se chaussa de bas blancs et de petits souliers rouges en maroquin de Flandre, mit une belle robe couleur du ciel, redescendit à l'écurie, sauta sur le cheval et partit au galop pour le château où le fils du roi s'en était allé danser.

Quand elle entra dans le bal, les joueurs de vielle et de violon cessèrent de jouer, les danseurs de danser, et tous les invités disaient :

— Quelle est cette belle demoiselle?

Enfin, les joueurs de vielle et de violon recommencèrent leur musique, et le fils du roi prit la jeune fille par la main pour la mener à la danse. Mais au premier coup de minuit, elle laissa son danseur en plan, resauta sur son cheval, et repartit au galop. Le lendemain elle s'en alla garder les dindons comme de coutume, et le fils du roi qui la rencontra en allant à la chasse pensa :

— C'est étonnant comme cette jeune paysanne ressemble à la belle demoiselle que j'ai vue au bal cette nuit.

Le soir même, après souper, il s'habilla de neuf, monta à cheval, et partit encore pour le bal. Que fit alors la gardeuse de dindons? Pendant la veillée elle se dit malade, et fit semblant d'aller se coucher. Mais elle descendit secrètement à l'écurie, sella et brida un cheval, et lui donna double picotin d'avoine. Ensuite elle remonta dans sa chambre, et ouvrit la besace où étaient les hardes qu'elle avait rapporté de chez son père. Cela fait, elle se peigna avec un peigne d'or, se chaussa de bas blancs et de petits souliers en marroquin de Flandre, mit une robe couleur de la lune, redescendit à l'écurie, sauta sur le cheval, et partit au galop pour le château où le fils du roi était allé danser.

Quand elle entra dans le bal, les joueurs de vielle et de violon cessèrent de jouer, les danseurs de danser, et tous les invités disaient :

— Quelle est cette belle demoiselle?

Enfin les joueurs de vielle et de violon recommencèrent leur musique, et le fils du roi prit la jeune fille par la main pour la mener à la danse. Mais au premier coup de minuit, elle laissa son danseur en plan, resauta sur son cheval, et repartit au galop. Le lendemain, elle s'en alla garder les dindons comme de coutume, et le fils du roi qui la rencontra, en allant à la chasse, pensa :

— C'est étonnant, comme cette jeune paysanne ressemble à la belle demoiselle que j'ai vue au bal cette nuit.

Le soir même, après souper, il s'habilla de neuf, monta à cheval, et partit encore pour le bal. Que fit la gardeuse de dindons? Pendant la veillée, elle se dit malade, et fit semblant d'aller se coucher. Mais elle descendit secrètement à l'écurie, sella et brida un cheval, et lui donna double picotin d'avoine. Ensuite elle remonta dans sa chambre, et ouvrit la besace où étaient les hardes qu'elle avait rapporté de chez son père. Cela fait, elle se peigna avec un peigne d'or, se chaussa de bas blancs et de petits souliers rouges en marroquin de Flandre, mit une robe couleur du soleil, redescendit à l'écurie, resauta sur le cheval, et partit au galop pour le château où le fils du roi était allé danser.

Quand elle entra dans le bal, les joueurs de vielle et de violon cessèrent de jouer, les danseurs de danser, et tous les invités disaient :

— Quelle est cette belle demoiselle?

Enfin, les joueurs de vielle et de violon recommencèrent leur musique, et le fils du roi prit la jeune fille par la main pour la mener à la danse. Au premier coup de minuit, la jeune fille laissa son danseur en plan, resauta sur son cheval et repartit au galop. Mais cette fois, en s'échappant, elle perdit dans le bal son petit soulier rouge du pied droit.

Dès le premier jour où la jeune fille avait paru dans le bal, le fils du roi en était tombé tellement amoureux, qu'il en avait perdu le boire et le manger. Il ramassa le petit soulier rouge et le fit essayer aux demoiselles du bal; mais toutes avaient le pied trop grand pour le chausser. Alors, il mit ce petit soulier rouge dans sa poche et s'en revint au château de son père.

— Père, je suis tombé amoureux d'une jeune fille qui a perdu ce petit soulier rouge dans le bal. Si vous ne me la donnez pas en mariage, vous serez cause d'un grand malheur. Je m'en irai loin, bien loin, me rendre moine dans un pays d'où je ne reviendrai jamais.

— Mon fils, je ne veux pas que tu te rendes moine. Dis-moi où cette jeune fille demeure, et nous monterons tous deux à cheval, pour aller la demander en mariage à son père.

— Père, je ne sais pas où elle demeure,

— Eh bien ! va me chercher le tambour de la commune.

Le fils du roi partit et revint avec le tambour.

— Tambour, voilà cent pistoles, Va-t-en crier partout que la demoiselle qui pourra chausser ce petit soulier rouge sera la femme de mon fils.

Le tambour partit, et cria partout comme il en avait reçu l'ordre. Pendant trois jours, le château du roi fut plein de demoiselles qui venaient pour essayer le petit soulier rouge; mais aucune ne put le chausser. La gardeuse de dindons les regardait faire et riait de tout son cœur.

— A ton tour, gardeuse de dindons, dit le fils du roi.

— Vous n'y pensez pas, Monsieur. Je ne suis qu'une pauvre petite paysanne. Comment voulez-vous que je fasse ce que n'ont pas pu faire toutes ces belles demoiselles?

— Allons, allons, criaient les demoiselles, faites approcher cette insolente qui se moquait de nous tout à l'heure, et si elle ne peut chausser le petit soulier rouge, qu'elle soit fouettée jusqu'au sang.

La gardeuse de dindons s'approcha, en faisant semblant d'avoir peur et de pleurer. Du premier coup elle, chaussa le petit soulier rouge.

— Maintenant, dit-elle, attendez-moi ici tous.

Elle alla s'enfermer dans sa chambre, et revint un moment après, chaussée de rouge des deux pieds, et vêtue de sa robe couleur du soleil.

— Mie, dit le roi, il faut que tu épouses mon fils.

— Je l'épouserai quand il aura le consentement de mon père. En attendant, je veux toujours garder vos dindons.

Alors, le roi et son fils se trouvèrent bien embarrassés.

Pendant que tout cela se passait, l'autre roi, chassé par ses deux filles, demeurait toujours, avec son valet, sur sa petite métairie et il disait souvent :

— Mes deux filles aînées son des carognes, et mes deux gendres de mauvais sujets. Si j'avais ma dernière enfant avec moi, je ne serais pas si triste. Elle me tiendrait compagnie, tout en me filant des chemises et en rapièçant mes habits. Valet, pourquoi l'as-tu tuée et m'as-tu apporté sa langue?

— Maître, c'est vous qui me l'avez commandé.

— Alors, valet, j'ai eu tort de te le commander, et tu as eu tort de m'obéir.

— Je n'ai pas eu tort, parce que je ne vous ai pas obéi. Votre dernière fille n'est pas morte. Je l'ai placée dans le château d'un autre roi, comme gardeuse de dindons, et ce que vous avez pris pour sa langue était la langue de ma chienne.

— Tant mieux, valet. Nous allons partir sur le champ pour ramener la pauvrette ici.

Ils partirent tous deux sur le champ, et, sept jours après, ils arrivèrent au château du roi.

— Bonjour, roi.

— Bonjours, mes amis. Qu'y a-t-il pour votre service?

— Roi, j'ai été roi moi-même, et j'avais un château aussi beau que le tien. Mes deux filles aînées m'en ont chassé, et ma dernière est chez toi comme gardeuse de dindons. Il faut que tu me la rendes.

— Mon ami, je ne peux pas. Mon fils est tombé amoureux de ta fille, au point qu'il en a perdu le boire et le manger. Je te la demande en mariage pour lui.

— Roi, fais venir ma fille pour qu'elle parle librement. Je ne veux pas la marier par force.

On alla chercher la gardeuse de dindons.

— Bonjour, papa et la compagnie.

— Bonjour, ma fille. Parle librement. Veux-tu épouser ce jeune homme?

Le pauvre jeune homme était blanc comme de la farine, et tremblait comme une queue de vache.

— Ma fille, parle librement.

— Papa, j'épouserai ce jeune homme préférablement à tout autre. Mais je veux auparavant que son père et lui vous aident à reprendre le château d'où vous ont chassé mes sœurs aînées.

Alors le roi et son fils firent assembler aussitôt tous les hommes du pays, et les armèrent de sabres et de fusils. Tout ce monde se mit en chemin pendant la nuit, et se rendit maître du château des deux sœurs aînées, qui ne s'attendaient à rien. Ces deux femmes furent pendues avec leurs maris, et leurs corps ne furent pas portés en terre sainte. On les abandonna dans un champ, et les chiens, les corbeaux et les pies les rongèrent jusqu'aux os.

Voilà ce qui fut fait. Alors le roi dit au père de la gardeuse de dindons.

— Mon ami, reprends ton château, et redeviens roi comme au temps passé. Maintenant il faut songer à la noce de mon fils et de ta fille.

Jamais les gens du pays ne virent une si belle noce. Cent foudres de vin vieux furent mis en perce; on tua je ne sais combien de veaux et de moutons, et pendant trois jours et trois nuits, cent femmes furent occupées à plumer les dindons, les chapons et les canards. Mangeait et buvait qui voulait. Le valet tout habillé de neuf et luisant comme un calice, se tenait debout derrière la chaise de la mariée, et ne la laissait manquer de rien.

— Valet, lui dit son maître, c'est la dernière fois que tu sers à table. Je veux te marier aujourd'hui même.

— Maître, vous êtes bien honnête.

— Valet, nous ne manquons pas ici de jolies filles à marier. Choisis celle que tu voudras.

Le valet choisit une fille jolie comme le jour et sage comme une image :

— Maître, voici ma femme.

— Valet, je veux l'embrasser. Maintenant mettez-vous tous deux à table avec nous, et ne vous laissez manquer de rien. Le curé vous mariera demain matin. Je veux être ton parrain, et ma fille sera ta marraine.

Et cric, cric,
Mon conte est fini ;
Et cric, crac,
Mon conte est achevé.
Je passe par mon pré,
Avec une cuillerée de fèves qu'on ma donnée.

RÉCITS

I

La Femme méchante

Celui qui cherche (1) à se marier court la chance de grands malheurs. Il y a des filles méchantes; il y en a de débauchées, il y en a qui aiment la bouteille. Le galant peut faire ce qu'il voudra, prendre des renseignements, et tâcher de voir par lui-même; cela ne lui sert souvent de rien. Tant que le curé n'a pas parlé, les filles cachent leurs vices; mais après c'est une autre affaire. Dieu vous préserve de ce danger, mais qu'il vous garde surtout d'épouser une femme méchante. Il ne vous servirait de rien de la raisonner ou de la battre. Vous perdriez votre peine, et la carogne serait capable de vous empoisonner. Mieux vaudrait pour vous vivre dans la compagnie de Lucifer et de ses diables.

Un homme avait eu le triste sort de tomber sur une de ces méchantes filles. Le soir même de la noce, elle fit un sabbat d'enfer, et pendant dix ans cela recommençait vingt fois par jour. L'homme était fort comme Samson, patient comme un ange, et il disait en lui-même :

— Si je bats cette malheureuse, je suis capable de l'estropier, et peut-être de la tuer sans vouloir le faire. Jamais les juges ne pourraient croire tout ce que j'ai souffert, et ils commanderaient de me faire mourir. Cela serait un grand affront pour la famille. Mieux vaut faire comme devant, et offrir mes peines au Bon Dieu.

La femme voyant que son homme ne répondait jamais à

(1) Écrit sous la dictée de Marianne Bense.

ses insultes et n'avait pas l'air de prendre garde à ses malices, devint encore plus méchante.

— Ah ! c'est ainsi, pensa-t-elle. Eh bien ! nous verrons ce soir.

Le soir, l'homme revint de son champ, las et affamé.

— As-tu trempé la soupe, ma femme ?

— Non, ivrogne, voleur, mauvais sujet. Je suis lasse de servir un rien qui vaille comme toi. Fais ta cuisine si tu veux.

Le pauvre homme ne répondit rien. Il alla couper des choux au jardin, alluma le feu et fit la soupe. Mais comme il était prêt à la tremper, sa femme cassa la marmite d'un coup de pelle à feu.

— Ma femme, pourquoi as-tu cassé la marmite ?

— Cela m'a plu, pouilleux.

— Je te défends de m'appeler pouilleux.

— Pouilleux ! pouilleux !

— Si tu le redis, je te noie dans la mare.

— Pouilleux ! pouilleux ! pouilleux !

L'homme prit sa femme, la porta dans la mare, et l'y fit entrer jusqu'à mi-jambe.

—Pouilleux !

L'homme plongea sa femme dans l'eau jusqu'à la ceinture.

— Pouilleux ! pouilleux !

L'homme plongea sa femme dans l'eau jusqu'au menton.

— Pouilleux ! pouilleux ! pouilleux !

L'homme plongea dans l'eau toute la tête de sa femme. Mais celle-ci élevait ses mains en l'air, et frottait ses pouces l'un contre l'autre comme qui écrase des poux. Alors l'homme comprit que cela ne servait de rien, et il ramena sa femme au bord de la mare.

— Cette leçon est perdue, pensa-t-il, et je perdrais mon temps à la recommencer. Ma femme est née méchante, et méchante elle mourra.

II

L'Aveugle

Il y avait une fois (1) un aveugle fort riche, et qui avait une fille à marier. Cet aveugle était un homme fort avisé, et quand un galant se présentait pour lui demander sa fille, il répondait :

— Donnez l'avoine à mon bidet, et mettez-lui la bride et la selle. Je veux aller voir si les champs de ce jeune homme sont bons.

— Mais, pauvre homme, vous êtes aveugle. Comment le verrez-vous?

— Je le verrai bien.

Arrivé dans les champs du galant, l'aveugle descendait de son bidet et disait :

— Attachez ma bête à un pied d'hièble.

— Il n'y a point d'hièble dans ces champs : il n'y a que de la fougère.

Alors l'aveugle remontait sur son bidet et disait :

— Je ne veux pas encore marier ma fille.

Pendant trois ans, il fit et parla de même; mais un jour un galant lui répondit :

— Voilà qui est fait. Votre bidet est attaché à un hièble.

— Fais-moi toucher l'hièble et la bride. Je veux savoir si mon bidet est bien attaché.

L'aveugle toucha la bride et la plante, et comprit à l'odeur des feuilles que son bidet était réellement attaché à un hièble.

— Galant, dit-il, tu auras ma fille, et nous ferons la noce quand tu voudras.

Cet aveugle avait raison. Il voulait marier richement sa fille, et il avait vu autrefois que la fougère pousse dans les mauvaises terres, et l'hièble dans les bonnes.

(1) Écrit sous la dictée de Mme Lacroix.

III

Le méchant homme

On ne sait pas (1) de qui on aura besoin, ni à quelle fontaine on boira.

Il y avait une fois, dans la ville d'Agen, un homme pauvre comme un furet, fainéant comme un chien, et insolent comme le valet du bourreau. Au contraire, le frère de cet homme avait acheté près de Nérac, pour plus de trente mille francs de terre. Il travaillait comme un galérien, et jamais on ne lui avait entendu dire contre personne une mauvaise parole. La canaille mériterait de mourir et les braves gens de vivre. C'est pourtant le contraire qui arrive. Le brave frère mourût sans s'être marié, et le curé de sa paroisse envoya dire au méchant homme d'Agen de venir à l'enterrement.

Le méchant homme partit, et marcha trois heures sans s'arrêter, jusqu'au sommet d'une côte, où il y avait une fontaine au bord du chemin. Là il but à sa soif, et ensuite il pissa et chia dans la fontaine.

— Mauvais sujet! lui dit un homme qui travaillait tout près de là dans son champ. N'as-tu pas honte de souiller ainsi cette fontaine dont l'eau sert à tout le monde?

— Tais-toi, imbécile; mon frère vient de mourir, et j'hérite de plus de trente mille francs de terre. Maintenant, j'ai de quoi, pendant toute ma vie, boire du vin et manger du pain blanc, avec un chapon rôti à dîner, et deux pans de saucisse à souper. Je ne boirai plus à cette fontaine.

Le méchant homme reprit son chemin, et arriva au village où l'on allait enterrer son frère.

— Notaire, c'est moi qui suis l'héritier.

(1) Raconté par Marianne Bensc.

— Non, ce n'est pas toi. Voilà le testament du mort, qui laisse tout son bien aux pauvres de la paroisse.

— Mon frère était une canaille.

— C'est toi qui es une canaille, dirent les gens qui étaient venus pour l'enterrement. Tu es arrivé ici faire du scandale et insulter un mort. File aussitôt pour ton pays, ou nous sifflons les chiens pour te faire un brin de conduite.

Le méchant homme repartit au grand galop sans manger ni boire. Quand il arriva près de la fontaine, il était rendu, et tirait un pan de langue.

— Mon ami, dit-il à l'homme qui travaillait dans son champ, cette fontaine est souillée. Enseigne-m'en une autre. Je crève de soif.

— Mauvais sujet, c'est toi qui as souillé la fontaine, et je ne t'en enseignerai aucune autre. Bois, si tu veux de celle-ci.

Le méchant homme fût forcé de boire de l'eau qu'il avait souillée.

On ne sait pas de quoi on aura besoin, ni à quelle fontaine on boira.

IV

Les deux présents

Henri IV (1) était un roi haut d'une toise, gros en proportion, fort comme un bœuf, et hardi comme un César. Il faisait beaucoup d'aumônes et n'aimait pas les intrigants. Avant d'aller s'établir à Paris, ce roi demeurait à Nérac, et il avait toujours auprès de lui son ami Roquelaure, qui était l'homme le plus farceur de ce temps-là.

Un jour que Henri IV et Roquelaure jouaient aux cartes après dîner, ils virent entrer dans la chambre un paysan qui portait sur sa tête une citrouille si grosse qu'on n'a jamais vu et qu'on ne verra jamais la pareille.

— Bonjour, mon prince et la compagnie.

— Bonjour, mon ami. Que viens-tu faire ici avec ta citrouille?

— Mon prince, je viens vous porter ce présent. La soupe de citrouille et de haricots frais est une fort bonne chose; mais ne manquez pas de recommander à votre cuisinière de conserver les graines. Vous en donnerez à tous vos amis et connaissances, et je viendrai moi-même en chercher pour l'année prochaine.

---

(1) Le nom de Henri IV est encore très populaire en Gascogne. On débite sur son compte (principalement dans l'arrondissement de Nérac, qui est en dehors de mon domaine actuel), un certain nombre d'anecdotes dont la plupart ont été imprimées dans divers ouvrages. Je n'ai trouvé nulle part celle que je donne ici. Elle a été racontée devant moi, il y a quatre ans, par un vieux chasseur d'alouettes, à la gare de Libos, où j'attendais le passage du train pour revenir à Agen. Le conteur me parut, à son langage, être né dans le Haut-Agenais; mais j'eus le tort de ne pas lui demander son nom et sa demeure. Je me souviens fort bien que dans mon enfance, une jeune fille nommée Claire, servante chez ma grand'mère, Mme Liaubon, de Marmande, m'a raconté une histoire à peu près semblable. Cependant, le personnage de Henri IV était remplacé par celui d'un roi quelconque. Il n'y était pas non plus question de Roquelaure.

— Merci, mon ami ; va-t-en manger un morceau et boire un coup à la cuisine.

— Avec plaisir, mon prince.

Le paysan descendit à la cuisine, où on ne le laissa pas manquer de pain, de vin et de viande. Pendant qu'il buvait et mangeait, Henri IV dit à Roquelaure :

— Roquelaure, ce paysan m'a l'air d'un brave homme, et je crois qu'il m'a porté sa citrouille de bon cœur. Que pourrais-je lui donner ?

— Mon prince, mettez-le à l'épreuve, et s'il ne vous a pas porté un œuf pour avoir un bœuf, faites-lui présent d'un beau cheval.

— Roquelaure, tu as raison.

Quand le paysan eut mangé à sa faim et bu à sa soif, il revint dans la chambre pour saluer le roi avant de partir.

— Mon ami, que demandes-tu pour récompense ?

— Mon prince, je vous demande de ne pas oublier de me faire garder des graines de citrouille, pour me maintenir en belle semence.

Alors Henri IV commanda qu'on donnât un beau cheval au paysan, qui rentra chez lui fort content.

Ce paysan était métayer de M. de Cachopeu (1), un noble, glorieux comme un paon et avare comme un juif. Quand M. de Cachopeu vit que son métayer avait été si bien récompensé pour une citrouille, il pensa :

— Demain j'irai trouver Henri IV, et je lui ferai présent de mon plus beau cheval. Pour le moins il me fera marquis, et me donnera un baril plein de doubles louis d'or.

En effet, le lendemain matin M. de Cachopeu descendit dans son écurie, choisit son plus beau cheval, partit pour la ville de Nérac, et trouva Henri IV et Roquelaure qui jouaient aux cartes après dîner.

---

(1) *Cachopeu* signifie *écrase-pou*. Inutile de dire que ce mot a été forgé ar la malice populaire, et qu'il n'existe, ni en Agenais, ni en Gascogne, ne famille ou une terre de ce nom.

— Bonjour, mon prince et la compagnie.

— Bonjour, mon ami. Qu'y a-t-il pour ton service?

— Mon prince, je suis M. de Cachopeu, et j'ai appris que vous aviez donné un beau cheval à mon métayer, qui vous avait fait présent d'une citrouille. Je vous amène une autre bête pour remplacer celle que vous n'avez plus.

— Merci, mon ami. Et où est cette bête?

— Mon prince, je l'ai laissée là-bas à l'écurie.

— Eh bien, mon ami, je veux aller la voir. Passe devant : moi et Roquelaure nous te rattraperons dans cinq minutes.

M. de Cachopeu descendit à l'écurie. Alors Henri IV dit :

— Roquelaure, ce Cachopeu m'a l'air d'un bien brave homme, et je crois qu'il m'a amené son cheval de bon cœur. Que pourrai-je lui donner ?

— Mon prince, mettez-le à l'épreuve, et s'il ne vous a pas donné un œuf pour avoir un bœuf, donnez-lui sept métairies et un grand pouvoir dans tout le pays.

— Roquelaure, tu as raison.

Henri IV et Roquelaure descendirent à l'écurie.

— Mon prince, voici le cheval.

— Mon ami, je n'en ai jamais vu aucun de si beau. Que demandes-tu pour récompense?

— Mon prince, je vous demande pour le moins de me faire marquis, et de me donner un baril plein de doubles louis d'or.

— Mon ami, je veux te donner mieux que ça. Viens avec moi à la cuisine.

Roquelaure et M. de Cachopeu suivirent Henri IV.

— Cuisinière, as-tu gardé les graines de la grosse citrouille qu'un paysan m'a apportée hier?

— Oui, mon prince.

— Eh bien! remplis-en deux cornets de papier. L'un sera pour Cachopeu, l'autre pour son métayer.

V

Le Curé avisé

Les gens ne se mettront jamais tous d'accord sur une même chose (1).

Il y avait une fois un curé si fin et si avisé, que personne n'avait jamais pu le surprendre à mal dire ni à mal faire. Les marguilliers de sa paroisse vinrent le trouver un dimanche matin à la sacristie.

— Bonjour, Monsieur le curé.

— Bonjour, mes amis. Qu'y a-t-il pour votre service ?

— Monsieur le curé, la sécheresse ruine nos récoltes. Nous venons vous prier de faire pleuvoir.

— Mes amis, rien de plus facile. Je sais une prière qui fait pleuvoir le jour même, si tout le monde est d'accord. Tout à l'heure, à la fin du prône, je consulterai le peuple.

— Merci, Monsieur le curé.

— A votre service, mes amis.

Les marguilliers rentrèrent dans l'église, et le curé commença la messe. Quand le moment du prône fut venu, il monta en chaire et dit :

— Mes frères, les marguilliers de la paroisse sont venus me trouver tout à l'heure à la sacristie, et se sont plaints de la sécheresse qui ruine vos récoltes. Ils m'ont prié de faire pleuvoir, et je sais une prière qui ne manque jamais son coup, à condition que tout le monde soit d'accord pour choisir le jour. Voulez-vous que je fasse pleuvoir aujourd'hui ?

— Non, Monsieur le curé, répondirent les garçons. Nous voulons aller nous promener ce soir après vêpres.

— Voulez-vous que je fasse pleuvoir demain ?

(1) Raconté par feue Justine Dutilh, épouse Duplan, de Marmande.

— Non, Monsieur le curé, répondirent trois ou quatre femmes; nous avons fait la lessive, et nous ne voulons la pluie que lorsque notre linge sera sec.

— Voulez-vous que je fasse pleuvoir mardi?

— Non, Monsieur le curé, répondirent les jeunes filles; nous voulons aller à la foire ce jour-là.

— Voulez-vous que je fasse pleuvoir mercredi?

— Non, Monsieur le curé, répondit une troupe de faucheurs; nous avons à couper du trèfle ce jour-là.

— Voulez-vous que je fasse pleuvoir jeudi?

— Non, Monsieur le curé, répondirent les enfants; ce jour-là il n'y aura pas école, et nous voulons être libres d'aller courrir.

— Voulez-vous que je fasse pleuvoir vendredi?

— Non, Monsieur le curé, répondit le tuilier; mes tuiles son. encore dehors, et je ne puis les mettre au four que samedi.

— Voulez-vous que je fasse pleuvoir samedi?

— Non, Monsieur le curé, répondit le maire; j'ai besoin d'aller en campagne ce jour-là.

— Mes frères, je vous l'ai dit, ma prière n'a de vertu que si tout le monde est d'accord sur le jour où je devrai faire pleuvoir. En attendant que vous soyez tous du même avis, laissez faire le Bon Dieu.

SUPERSTITIONS

I

L'homme aux dents rouges

Il y avait une fois (1) un homme et une femme qui avaient trois enfants : une fille et deux garçons. Quand la fille fut grande, son père et sa mère voulurent la marier ; mais elle n'écoutait aucun galant, et toujours elle disait :

— Je veux pour mari un homme qui ait les dents rouges.

Le père et la mère firent tambouriner partout la volonté de leur fille, et attendirent pendant sept ans. Alors un homme qui avait les dents rouges se présenta dans leur maison.

— Voici l'homme qu'il me faut, dit la fille.

On les maria sans tarder ; le lendemain de la noce, l'homme aux dents rouges se leva de bonne heure, descendit à l'écurie, donna l'avoine à son cheval, lui mit la bride et la selle, et partit au grand galop sans qu'on pût voir où il allait. Il ne revint à la maison qu'à l'entrée de la nuit.

— D'où viens-tu, mon homme ? dit la femme.

L'homme aux dents rouges ne répondit pas.

Le lendemain, l'homme aux dents rouges se leva de bonne heure, descendit à l'écurie, donna l'avoine à son cheval, lui mit la bride et la selle, et partit au grand galop sans qu'on pût voir où il allait. Il ne revint à la maison qu'à l'entrée de la nuit.

— D'où viens-tu, mon homme ? dit la femme.

L'homme aux dents rouges ne répondit pas.

(1) Écrit sous la dictée de Catherine Sustrac.

Le lendemain, l'homme aux dents rouges se leva de bonne heure, descendit à l'écurie, donna l'avoine à son cheval, lui mit la bride et la selle, et partit au grand galop, sans qu'on pût voir où il allait.

Alors la femme dit à son père, à sa mère et à ses deux frères :

— Vous voyez ce qui se passe. Mon homme part le matin de bonne heure et ne rentre qu'à l'entrée de la nuit. Quand je lui demande d'où il vient, il ne me répond pas. Peut-être s'en va-t-il voir quelque ancienne maîtresse. Cela ne peut point se passer ainsi.

— Sois tranquille, ma sœur, dit le frère aîné. Demain je demanderai à ton homme de me prendre en croupe, et je te dirai où il va.

L'homme aux dents rouges revint à la maison à l'entrée de la nuit. Le lendemain, il se leva de bonne heure, descendit à l'écurie, donna l'avoine à son cheval, et lui mit la bride et la selle. Alors le frère aîné de la femme entra dans l'écurie.

— Homme aux dents rouges, dit-il, je veux t'accompagner dans ton voyage.

— Monte en croupe, mon beau-frère.

Le cheval partit au galop à travers les bois. Au bout de trois heures, il s'arrêta dans un endroit où coulait une fontaine d'argent.

— Mon beau-frère, dit l'homme aux dents rouges, descendons de cheval pour boire à cette fontaine.

Ils descendirent tous deux : mais à peine le beau-frère eut-il bu tant soit peu de l'eau qui coulait de la fontaine d'argent, qu'il s'endormit au pied d'un arbre jusqu'au coucher du soleil. Alors l'homme aux dents rouges le réveilla.

— Mon beau-frère, tu as dormi longtemps. Il est trop tard pour continuer notre voyage. Retournons à la maison.

Tous deux remontèrent à cheval, et à minuit ils étaient rentrés à la maison.

L'homme aux dents rouges se mit au lit et s'endormit.

Alors sa femme se leva doucement, doucement, et s'en alla dans la chambre du frère aîné,

— Eh bien! mon frère, où êtes-vous allés?

— Nous avons galopé à travers les bois jusqu'à midi. Alors nous sommes descendus de cheval, dans un endroit où coulait une fontaine d'argent. J'ai voulu boire tant soit peu d'eau, et je me suis endormi au pied d'un arbre jusqu'au coucher du soleil. Alors ton homme m'a réveillé, et nous sommes revenus à la maison. Mais il ne m'a pas dit ce qu'il avait fait jusqu'au coucher du soleil. Retourne dans ton lit, ma sœur, et dors tranquille. Demain j'accompagnerai encore ton homme, et je ne boirai point de l'eau qui coule de la fontaine d'argent.

Le lendemain, l'homme aux dents rouges se leva de bonne heure, descendit à l'écurie, donna l'avoine à son cheval, et lui mit la bride et la selle. Alors le frère aîné de la femme entra dans l'écurie.

— Homme aux dents rouges, dit-il, je veux t'accompagner dans ton voyage.

— Monte en croupe, mon beau-frère.

Le cheval partit au grand galop à travers les bois. Au bout de trois heures, il s'arrêta de nouveau dans l'endroit où coulait la fontaine d'argent.

— Mon beau-frère, dit l'homme aux dents rouges, descendons de cheval pour boire à cette fontaine.

Ils descendirent tous deux; mais le beau-frère était sur ses gardes et ne voulait point boire.

— Allons, bois; cela te fera du bien.

— Non, je n'ai pas soif.

— Eh bien, mange, si tu ne veux pas boire.

L'homme aux dents rouges tira de son porte-manteau une miche de pain et un grand morceau de porc très salé. Quand le beau-frère en eut mangé quelques bouchées, la soif le prit, et il s'approcha de la fontaine d'argent. Mais à peine eut-il bu tant soit peu d'eau, qu'il s'endormit au pied d'un arbre jusqu'au coucher du soleil. Alors l'homme aux dents rouges le réveilla.

— Mon beau-frère, tu as dormi longtemps. Il est trop tard pour continuer notre voyage. Retournons à la maison.

Tous deux remontèrent à cheval, et à minuit ils étaient rentrés à la maison.

L'homme aux dents rouges se coucha et s'endormit. Alors sa femme se leva doucement, doucement, et s'en alla dans la chambre de ses frères.

— Eh bien, mon frère, où êtes-vous allés?

— Nous avons galopé à travers les bois pendant trois heures. Alors nous sommes descendus de cheval dans l'endroit où coule la fontaine d'argent. Je ne voulais pas boire; mais ton homme m'a donné à manger du pain et du porc très-salé. Après quelques bouchées, la soif m'a pris, et je me suis approché de la fontaine d'argent. Mais à peine ai-je eu bu tant soit peu d'eau que je me suis endormi au pied d'un arbre jusqu'au coucher du soleil. Alors ton homme m'a réveillé, et nous sommes revenus à la maison; mais il ne m'a pas dit ce qu'il avait fait jusqu'au coucher du soleil. Maintenant j'ai assez de ces voyages, et je n'y veux plus retourner.

Quand la femme entendit cela, elle se mit à pleurer comme une Madeleine; mais à toutes ses prières le frère aîné répondait toujours :

— J'ai assez de ces voyages, et je n'y veux plus retourner.

A la fin, le frère cadet, qui était niais, prit pitié de sa sœur.

— Ma sœur, ne pleure plus ainsi toutes les larmes de tes yeux. Retourne dans ton lit et dors tranquille. Demain j'accompagnerai ton homme, sans manger ni pain ni porc salé, et sans boire de l'eau qui coule de la fontaine d'argent.

— Toi, pauvre niais, tu veux accompagner mon homme.

— Retourne dans ton lit et dors tranquille.

Le lendemain, l'homme aux dents rouges se leva de bonne heure, descendit à l'écurie, donna l'avoine à son cheval, et lui mit la bride et la selle. Alors le niais entra dans l'écurie.

— Homme aux dents rouges, dit-il, je veux t'accompagner dans ton voyage.

— Monte en croupe, niais.

Le cheval partit au grand galop à travers les bois. Au bout de trois heures, il s'arrêta dans l'endroit où coulait la fontaine d'argent.

— Niais, dit l'homme aux dents rouges, descendons de cheval pour boire à cette fontaine.

— Je n'ai pas soif.

— Descendons pour manger un peu de ce pain et de ce porc salé.

— Je n'ai pas faim.

— Descendons au moins pour nous reposer.

— Je ne suis point las.

L'homme aux dents rouges eut beau prêcher, le niais ne voulut rien entendre, et il fallut se remettre en route. Tous deux cheminèrent ainsi jusqu'à un champ où quelques hommes bêchaient.

— Niais, dit l'homme aux dents rouges, j'ai besoin d'aller parler à ces bêcheurs. Tiens mon cheval jusqu'à ce que je revienne.

— Sois tranquille, il ne m'échappera pas.

Le niais attacha le cheval à un arbre et suivit l'homme aux dents rouges sans être vu. Au bout d'une heure, il arriva dans des prés si maigres qu'on eût pu y ramasser du sel; pourtant les bœufs et les vaches y étaient gras à lard.

Un peu plus loin, il arriva dans des prés où il y avait de l'herbe deux pieds par dessus la tête; pourtant les bœufs et les vaches y étaient maigres comme des clous.

Un peu plus loin il arriva dans des prés ordinaires, où paissaient des chèvres qui n'étaient ni maigres ni grasses.

Un peu plus loin, il vit l'homme aux dents rouges entrer dans une petite église et fermer la porte. Le niais regarda par le trou de la serrure, et vit un autel avec un cierge beaucoup plus court que les autres. Un prêtre disait la messe, et l'homme aux dents rouges la servait. Pendant ce temps-là des volées d'oiselets arrivaient des quatre vents du ciel et venaient frapper contre les vitres de la petite église avec leurs becs et leurs ailes ; pourtant les fenêtres ne s'ouvraient pas, et les pauvres petites bêtes demeuraient toujours dehors à frapper et à crier :

— *Riu, chiu, chiu.*

La messe finie, l'homme aux dents rouges ferma le missel et souffla les cierges. Alors le niais prit la course, et revint auprès du cheval.

— Eh bien ! niais, veux-tu retourner à la maison ?

— Je suis à ton commandement.

Tous deux remontèrent à cheval, et arrivèrent à la maison au coucher du soleil. Pendant le souper, le niais raconta ce qu'il avait vu depuis le moment où l'homme aux dents rouges lui avait donné son cheval à garder.

— Homme aux dents rouges, pourquoi ne t'es-tu pas arrêté avec les bêcheurs ?

L'homme aux dents rouges ne répondit pas.

— Homme aux dents rouges, parle-nous de ces prés si maigres qu'on aurait pu y ramasser le sel ; pourtant les bestiaux étaient gras à lard.

— Niais, ces prés étaient le paradis, et ce bétail les saintes âmes.

— Homme aux dents rouges, parle-nous des prés où j'avais de l'herbe deux pieds par-dessus ma tête ; pourtant les bestiaux y étaient maigres comme des clous.

— Niais, ces prés étaient l'enfer, et ce bétail les âmes damnées.

— Homme aux dents rouges, parle-nous des prés ordinaires où paissaient des chèvres qui n'étaient ni maigres ni grasses.

— Niais, ces prés ordinaires étaient le purgatoire, et ces chèvres ni maigres ni grasses, les âmes qui attendent le moment de la délivrance.

— Homme aux dents rouges, parle-nous du prêtre qui disait la messe dans la petite église.

— Niais, ce prêtre est le Bon Dieu.

— Homme aux dents rouges, parle-nous des volées d'oiselets qui arrivaient des quatre vents du ciel et venaient frapper contre les vitres de la petite église avec leurs becs et leurs ailes; pourtant les fenêtres ne s'ouvraient pas, et les pauvres petites bêtes demeuraient toujours dehors à crier : *Riu, chiu, chiu.*

— Niais, ces oiseaux étaient les âmes des petits enfants morts sans baptême, qui n'entreront point en paradis.

— Homme aux dents rouges, parle-nous du cierge plus court que les autres qui brûlait sur l'autel.

— Niais, quand on a vu ce que tu as vu, on n'a plus rien à apprendre dans ce monde. Aussi vrai que tu seras tout-à-l'heure en paradis, ce cierge était ta propre vie, et il s'éteignait sur l'autel à la fin du dernier évangile.

II

L'homme blanc

Voici ce qui est arrivé (1) à un vieux soldat qui a perdu une jambe à la guerre, et qui va demander son pain de porte en porte.

Ce vieux soldat suivait un jour le chemin de Nérac à Agen avec un seul morceau de pain dans sa besace. Arrivé près de Moncaut, il s'assit au bord d'un fossé, et il commençait à manger, quand il vit venir à lui un homme vêtu de blanc de la tête aux pieds : chapeau blanc, habits et souliers blancs, et un grand bâton blanc à la main droite.

— Que fais-tu là, mon ami.

— Vous le voyez, Monsieur; je mange un morceau de pain. Nous le partagerons si vous voulez.

— Avec plaisir, mon ami.

L'homme blanc s'assit sur le bord du fossé à côté du vieux soldat, qui lui donna la moitié de son morceau de pain. Quand ils eurent mangé, l'homme blanc se leva et dit :

— Merci, mon ami. Tu peux suivre ton chemin. Rien ne te manquera aujourd'hui, et avant que tu rentres ce soir dans ta maisonnette, tu auras ramassé du pain pour vivre pendant un mois.

Le vieux soldat se remit en chemin. De toutes les métairies on l'appelait pour lui donner, et quand il rentra le soir dans sa maisonnette, il avait ramassé du pain pour vivre pendant un mois.

Ce même jour, l'homme blanc rencontra sur le chemin un voiturier qui portait trois religieuses.

(1) Écrit sous la dictée de M⁻ᵉ Lacroix.

— Mes sœurs, je suis las. Donnez-moi une petite place dans votre voiture.

— Passe ton chemin, homme blanc ; il n'y a pas de place ici pour toi.

Alors le voiturier eut pitié de l'homme blanc, et lui donna une place à son côté.

— Merci, mon ami. Ta charité te sera payée.

Ils cheminèrent ainsi jusqu'à un quart-d'heure de Nérac. Alors l'homme blanc descendit et dit au voiturier :

— Je t'ai dit que ta charité te serait payée. Aussi vrai que ces trois religieuses que tu vois si pleines de vie seront mortes avant d'arriver à Nérac, tu trouveras ta femme qui est malade depuis sept ans, tout-à-fait guérie et occupée à te faire la soupe.

L'homme blanc s'en alla. Quand le voiturier arriva à Nérac, il trouva les trois religieuses mortes ; mais sa femme était sur la porte et criait.

— Allons, mon homme, dépêche-toi : la soupe se refroidit.

III

Le voyage de Notre Seigneur

Un jour (1) Notre Seigneur partit avec saint Pierre et saint Jean, pour aller demander l'aumône. Ils s'arrêtèrent tous trois devant la boutique d'un forgeron qui essayait de ferrer un cheval. Mais la bête ruait, et le forgeron jurait comme un païen, sans pouvoir faire de bon travail.

— Forgeron, dit Notre Seigneur, laisse-moi ferrer ce cheval.

— Passe ton chemin, effronté, ou je te marque avec mon fer chaud.

— Forgeron, je te dis de me laisser ferrer ton cheval.

Le forgeron finit par laisser faire.

— Voilà, dit Notre Seigneur, comment on ferre un cheval.

Il coupa à la bête la jambe droite de devant, la ferra tout à son aise, la remit en place, et repartit avec saint Pierre et saint Jean.

— J'en ferai bien autant que cet homme, pensa le forgeron.

Alors il coupa au cheval la jambe gauche de devant et la ferra tout à son aise. Mais la pauvre bête saignait, et le forgeron ne put remettre le membre à sa place. Aussitôt il courût après Notre Seigneur.

— L'ami, venez m'aider, je vous prie, à remettre la jambe au cheval.

Notre Seigneur vint remettre le membre à la bête et dit au forgeron :

— Voilà qui est fait. A l'avenir ne jure plus comme un païen, et n'insulte plus ceux qui veulent te rendre service.

Notre Seigneur se remit en chemin avec saint Pierre et

(1) Ecrit sous la dictée de Mme Lacroix.

saint Jean, et tous trois s'en allèrent frapper à la porte d'une pauvre métairie.

— Un morceau de pain, s'il vous plaît, métayère, pour l'amour de Dieu et de la sainte Vierge Marie. *Pater noster qui es in cœlis...*

— Pauvres gens, vos prières ne vous profiteront guère. Je n'ai que ce morceau de pâte dans le pétrin.

— N'ayez pas peur, métayère, votre pâte va augmenter, et il y en aura assez pour nous tous.

En effet, la pâte augmenta à vue d'œil, jusqu'à déborder par-dessus le pétrin. Alors la métayère chauffa le four, et quand le pain fut cuit, tous quatre se mirent à manger. Pendant qu'ils mangeaient, les trois enfants de la métayère s'étaient cachés dans la loge à cochons et criaient.

— Métayère, dit Notre Seigneur, qu'avez-vous dans cette loge.

— Pauvre, ce sont trois petits porcs.

Le repas fini, Notre Seigneur partit avec saint Pierre et saint Jean; mais quand la métayère voulut aller chercher ses enfants dans la loge à cochons, elle y trouva trois petits porcs. Aussitôt elle courut après Notre Seigneur.

— Mon ami, je vous ai menti quand je vous ai dit que c'étaient trois petits porcs qui criaient dans la loge à cochons. C'étaient mes trois enfants; et quand vous avez été parti, j'ai trouvé trois petits porcs à la place.

— Rentrez chez vous, métayère, vous retrouverez vos trois enfants : mais il ne faut plus mentir.

Notre Seigneur se remit en chemin avec saint Pierre et saint Jean, et tous trois s'en allèrent frapper à la porte d'un château.

— Un morceau de pain, s'il vous plaît, Monsieur, pour l'amour de Dieu et de la sainte Vierge Marie. *Pater noster qui es in cœlis, sanctificetur.....*

— Foutez-moi le camp, canailles; vous n'aurez pas un

croûton, fainéants. Si vous ne tournez pas les talons tout de suite, je lâche les chiens après vous.

— Saint Pierre, dit Notre Seigneur, bâte-moi cet âne.

Le maître du château se trouva aussitôt changé en âne. Saint Pierre le bâta et lui mit un licou.

Notre Seigneur se remit en chemin avec saint Pierre et saint Jean, et tous trois s'en allèrent frapper à la porte d'un petit moulin, où il n'y avait qu'une femme.

— Un morceau de pain, s'il vous plaît, meunière, pour l'amour de Dieu et de la sainte Vierge Marie. *Pater noster qui es in cœlis*.....

— Pauvres gens, vos prières ne vous profiteront guère. Je n'ai à vous donner que ce petit morceau de pain. Partagez-vous-le.

— Merci, meunière, dit Notre Seigneur. Pour votre petit morceau de pain, je vous donne cet âne avec son bât et son licou. Faites-le travailler ferme, et ne lui donnez ni foin ni paille. Il saura bien aller tout seul chercher sa vie, le long des chemins et à travers les haies.

Notre Seigneur se remit en chemin avec saint Pierre et saint Jean. Au bout de sept ans, ils repassèrent devant le petit moulin, et s'en allèrent tous trois frapper à la porte.

— Un morceau de pain, meunière, s'il vous plaît, pour l'amour de Dieu et de la sainte Vierge Marie. *Pater noster qui es in cœlis*.....

— Avec plaisir, pauvres gens. Entrez, la soupe est sur la table. Voici une miche de pain pour chacun, de l'ail, du sel, et je descends à la cave pour vous tirer du vin vieux. Il y a sept ans, trois pauvres plus jeunes que vous, passèrent par ici. Pour un petit morceau de pain, ils me donnèrent un âne avec son bât et licou, en me recommandant de le faire travailler ferme, sans lui donner ni foin ni paille. Je l'ai toujours laissé aller chercher sa vie tout seul le long des chemins et à travers les haies. Pourtant j'avais pitié de ce pauvre animal. C'est avec lui que j'ai achalandé mon petit moulin et fait ma fortune.

— Meunière, c'est nous qui vous avons donné cet âne avec son bât et son licou; maintenant il faut nous le rendre.

— Avec plaisir, pauvres gens.

Notre Seigneur, saint Pierre et saint Jean montèrent tous trois sur l'âne, qui les porta jusqu'à son château.

— Un morceau de pain, Madame, s'il vous plaît, pour l'amour de Dieu et de la sainte Vierge Marie. *Pater noster* ...

— Avec plaisir, pauvres gens. Voici trois miches de dix livres chacune. Il y a sept ans passés, trois pauvres vinrent demander l'aumône à la porte de ce château. Mon mari les insulta et les menaça des chiens. Alors un de ces trois pauvres le changea en âne; un autre le bâta et lui mit un licou, et ils l'emmenèrent avec eux.

— Reconnaîtriez-vous votre mari, Madame? dit Notre Seigneur.

— Oui, pauvre, je le reconnaîtrais.

— Ane, lève-toi, et reprends ta première forme.

L'âne se leva, reprit sa première forme, et la dame reconnut son mari. Le maître du château mourut le lendemain; mais il avait fait sa pénitence sur la terre, et Notre Seigneur lui donna place dans son paradis.

IV

L'homme prisonnier dans la lune

Il y a des gens (1) qui ont vu marcher dans la lune un homme chargé d'un fagot. Voici comment il s'y trouve en punition de ses péchés.

Du temps que cet homme était sur la terre, il travaillait souvent le dimanche, et jurait comme un païen.

— Prends garde, lui disaient ses voisins ; mal faire ne peut durer. Tu offenses le Bon Dieu, et il t'arrivera malheur.

Mais l'homme ne voulait rien écouter et allait toujours son train. Un jour de Pâques, il se leva de bon matin, prit sa hache, et s'en alla au bois couper un fagot. Mais comme il retournait au village, à la sortie de la grand'messe, le vent l'emporta dans la lune avec son fagot. C'est là que ce malheureux est condamné à demeurer prisonnier jusqu'au jour du jugement.

Il y a des gens qui ont vu marcher dans la lune un homme chargé d'un fagot. Voilà comment il s'y trouve en punition de ses péchés.

(1) Écrit sous la dictée de Marianne Bense.

V

Le jeune homme châtié

Il y avait une fois (1) une jeune fille qui était belle comme le jour. Elle donnait le bon exemple dans la paroisse, et passait tout son temps à travailler et à prier Dieu. Cela dura jusqu'à l'âge de dix-huit ans. Alors un jeune homme dont le père avait un grand château et cent métairies dans le pays, tomba amoureux de la jeune fille, et la demanda en mariage. Il se fit donner l'entrée de la maison, et vingt fois par jour il venait tenir compagnie à sa promise.

Un soir, vers les neuf heures, le jeune homme dit à la jeune fille :

— Écoute. Je vais faire semblant de rentrer chez mon père ; mais je reviendrai à minuit, quand tout le monde dormira chez toi, et tu me recevras dans ta chambre.

— Non, mon bon ami, je ferais un péché. Attendez que nous soyons mariés, et je vous recevrai avec plaisir dans ma chambre aussi souvent que vous voudrez.

— Tu es une sotte de parler ainsi. Nous allons être bientôt mariés, et tu peux bien me permettre à présent ce que tu me promets pour plus tard.

La jeune fille aimait le jeune homme et elle répondit :

— Eh bien, faites comme si vous rentriez chez vous, et revenez à minuit. Je vais faire semblant d'aller me coucher ; mais quand tout le monde dormira dans la maison, je me lèverai pour aller vous ouvrir la porte, et je vous recevrai dans ma chambre.

Le jeune homme fit comme s'il rentrait chez lui, et la jeune fille fit semblant d'aller se coucher. Mais quand tout le monde

---

(1) Écrit sous la dictée de Marianne Bense.

fut endormi dans la maison, elle se leva pour aller ouvrir la porte, et reçut son galant dans sa chambre.

Le jeune homme partit avant l'aube, mais il ne revint plus dans la maison. Alors la jeune fille devint bien triste, et au bout de trois mois elle dit à une de ses amies :

— Écoute, je vais te dire un secret. Il y a trois mois, j'ai reçu mon galant dans ma chambre pendant la nuit, et depuis lors il n'est plus revenu me voir. Va le trouver et dis-lui que je l'attends, car je suis enceinte, et qu'il faut nous marier le plus tôt qu'il se pourra.

— Sois tranquille : ton secret sera gardé, et ta commission sera faite.

Le jour même, l'amie de la jeune fille alla trouver le jeune homme et lui dit :

— Écoutez. Votre maîtresse m'a dit un secret. Il y a trois mois elle vous a reçu dans sa chambre pendant la nuit, et depuis vous n'êtes plus revenu la voir. C'est elle qui m'a chargée d'aller vous trouver pour vous dire qu'elle vous attend, car elle est enceinte, et qu'il faut vous marier le plus tôt qu'il se pourra.

— Retourne chez ma maîtresse, et dis-lui qu'elle ne me verra jamais plus. J'ai fait d'elle ce que j'ai voulu, et maintenant j'ai fini de l'aimer. Si elle est enceinte, tant pis pour elle; mais si elle compte sur moi pour mari, je crois fort qu'elle attendra longtemps.

Quand l'amie de la jeune fille entendit cela, elle n'eut plus mot en bouche, et s'en revint en pleurant chez celle qui l'avait envoyée.

— Eh bien ! Que t'a répondu mon galant ?

— Ton galant est un méchant homme. Il m'a répondu : « Retourne chez ma maîtresse, et dis-lui qu'elle ne me verra jamais plus. J'ai fait d'elle ce que j'ai voulu, et maintenant j'ai fini de l'aimer. Si elle est enceinte, tant pis pour elle; mais si elle compte sur moi pour mari, je crois fort qu'elle attendra longtemps. »

Quand la pauvre jeune fille entendit cela, elle tomba raide morte, et on la porta au cimetière le lendemain. Son galant ne parut pas même à l'enterrement; mais, à partir de ce jour-là, il devint constamment pensif, et demeura trois ans sans approcher des sacrements. Mais la quatrième année, il alla se confesser, pendant la semaine sainte, et dit au curé :

— Mon père, je suis coupable d'un bien grand péché. J'ai promis mariage à une jeune fille. Elle m'a reçu la nuit dans sa chambre, je l'ai rendue enceinte, et depuis je ne suis plus revenu dans la maison. Alors ma maîtresse m'a envoyé une de ses amies pour me dire qu'elle m'attendait, car elle était enceinte, et qu'il fallait nous marier le plus tôt qu'il se pourrait. J'ai répondu : « Retourne chez ma maîtresse, et dis lui qu'elle ne me verra jamais plus. J'ai fait d'elle ce que j'ai voulu, et maintenant j'ai fini de l'aimer. Si elle est enceinte, tant pis pour elle; mais si elle compte sur moi pour mari, je crois fort qu'elle attendra longtemps. » Quand la pauvre jeune fille a entendu cela, elle est tombée raide morte.

— Mon fils, répondit le curé, ton péché est si grand que ni moi, ni l'évêque, n'avons le pouvoir de te pardonner. Il faut aller à Rome, et te confesser au pape.

Le jeune homme sortit de l'église, et s'en alla trouver un de ses camarades.

— Écoute, j'ai un grand secret à te dire, et un grand service à te demander.

— Parle. Ton secret sera bien gardé. Quant au service, je tâcherai de te contenter, si la chose est en mon pouvoir.

— J'ai besoin d'aller à Rome pour me confesser au pape. Veux-tu m'accompagner?

— Oui.

— Eh bien, nous partirons ce soir, à l'entrée de la nuit. Maintenant je vais à la boutique du forgeron.

Le jeune homme s'en alla dans la boutique du forgeron et lui dit :

— Forgeron, je paierai ce qu'il faudra; mais je ne sortirai

pas d'ici que toi et tes apprentis vous m'ayez forgé six paires de souliers de fer.

— Monsieur, les six paires de souliers de fer seront prêtes dans une heure.

Une heure après, les six paires de souliers de fer furent prêtes. Alors le jeune homme alla trouver son camarade et lui dit :

— Le moment est venu. Voici un bâton, une besace, et trois paires de souliers de fer, car le voyage sera long. La nuit descend, il faut partir.

Tous deux chaussèrent une paire de souliers de fer, et partirent sans embrasser leurs parents. Ils marchèrent ainsi longtemps, longtemps, longtemps, traversèrent de grands bois et des rivières plus larges que la Garonne, et passèrent dans force pays dont chacun avait son langage. Pendant le jour, ils demandaient un morceau de pain, pour l'amour de Dieu, devant la porte des métairies, et la nuit on les laissait coucher par charité sur la paille des étables. Un soir, le jeune homme dit à son camarade :

— Écoute. Notre première paire de souliers de fer est usée ; nous avons fait le tiers du voyage.

Le lendemain, tous deux chaussèrent une autre paire de souliers de fer et partirent. Ils marchèrent ainsi longtemps, longtemps, longtemps, traversèrent de grands bois et des rivières plus larges que la Garonne, et passèrent dans force pays dont chacun avait son langage. Pendant le jour, ils demandaient un morceau de pain, pour l'amour de Dieu, devant la porte des métairies, et la nuit, on les laissait coucher par charité sur la paille des étables. Un soir, le jeune homme dit à son camarade :

— Écoute. Notre seconde paire de souliers est usée ; nous avons fait les deux tiers du voyage.

Le lendemain, tous deux chaussèrent leur dernière paire de souliers de fer et partirent. Ils marchèrent ainsi longtemps, longtemps, longtemps, traversèrent de grands bois et des rivières plus larges que la Garonne, et passèrent dans force pays dont chacun avait son langage. Pendant le jour, ils demandaient un morceau de pain pour l'amour de Dieu, devant la porte des métairies, et la nuit, on les laissait coucher par charité sur la paille des étables. Un soir, le jeune homme dit à son camarade :

— Écoute. Notre dernière paire de souliers de fer est usée; demain nous serons à Rome.

Le lendemain, ils se remirent en chemin bien avant le jour, et le soleil levant leur montra le château du pape et les toits de la ville de Rome. Cette ville à sept cents églises, et, dans chaque clocher, il y a sept cloches de grandeur et de sons différents. Quand le jeune homme et son camarade ne furent plus qu'à une lieue, toutes ces cloches se mirent à sonner d'elles-mêmes : alors le peuple se dit :

— Voici les cloches qui sonnent l'arrivée d'un grand pénitent.

Tout ce peuple sortit par la grande porte de la ville pour aller au-devant du jeune homme et de son camarade. Tous deux furent conduits devant le pape qui dit :

— Laissez-moi seul avec ce pénitent.

Personne n'a jamais su ce qui s'est dit alors, pendant trois heures d'horloge, entre le pape et le jeune homme. La confession finie, le pape dit au pénitent :

— Va me chercher ton camarade, et laisse-moi seul avec lui.

Le pénitent alla chercher son camarade, et le laissa seul avec le pape.

— Mon ami, écoute bien ce que je vais te dire ; mais n'en parle à personne avant d'être rentré dans ton pays.

— Pape, vous serez obéi.

— Mon ami, tiens-toi prêt à repartir avec ton camarade, au premier coup de midi. Vous marcherez sans manger, ni boire, ni vous asseoir, jusqu'au coucher du soleil. Alors vous traverserez un bois où vous trouverez une bête qui vous semblera petite de loin et grande de près. Cette bête sautera sur l'échine de ton camarade et s'y tiendra avec ses griffes sans que celui-ci en soit épouvanté. Alors, continuez votre route, et demandez à coucher dans la première maison que vous trouverez. Ton camarade se retirera seul dans une chambre, où vous entendrez un grand tapage pendant la nuit; mais que personne se garde bien d'y entrer avant le lendemain matin.

— Pape, vous serez obéi.

Sur le premier coup de midi, le jeune homme et son camarade repartirent, et marchèrent sans manger, ni boire, ni s'asseoir, jusqu'au coucher du soleil. Alors ils traversèrent un bois où ils trouvèrent une bête qui leur sembla petite de loin et grande de près. Cette bête sauta sur l'échine du jeune homme et s'y tint avec ses griffes sans que celui-ci en fut épouvanté. Alors ils continuèrent leur route, et demandèrent à coucher dans la première maison qu'ils trouvèrent. Le jeune homme, qui portait toujours la bête sur son échine, se retira seul dans une chambre.

Sur le premier coup de minuit, on entendit dans cette chambre un grand tapage qui dura pendant trois heures d'horloge. Ensuite, on entendit plus rien, et dans la maison tout le monde s'endormit jusqu'au lever du soleil. Alors on voulut entrer dans la chambre où s'était fait ce grand tapage; mais on n'y retrouva ni l'homme ni la bête, et on n'a jamais su ce qu'ils étaient devenus.

SECONDE PARTIE

TEXTE AGENAIS

COUNTES

I

Pèl-d'Ase

I abiò un cot un ome qu'abiò tres fillos. Un jour, aquel ome s'en anguèt trabailla dins soun can, tout proche d'un nouguè, e entendèt uno boès que disiò :

— Ome, se me dounos pas uno de tas fillos en maridatge, te mingi.

— Qui sès-tu ? T'entendi, mès te besi pas ?

— Sèi lou rèi de Franço.

— E be ! rèi de Franço, se uno de mas fillos i counsen, l'auras en maridatge.

L'ome rentrèt chez el e se metèt al lièit. A peno s'èro couchat, que sa fillo ainado intrèt dins la crampo.

— Qu'abès, pai ?

— Sèi malau ; me podes gari se bos. Cal espousa lou rèi de Franço.

— Boli pas l'espousa.

Lou lendouma, l'ome tournèt trabailla dins soun can, proche del nouguè, e entendèt la boès que disiò :

— Ome, se me dounos pas uno de tas fillos en maridatge te mingi.

— Rèi de Franço, ma fillo ainado bol pas de tu. Parlarèi aqueste sero a la segoundo, e s'i counsen l'auras en maridatge.

L'ome rentrèt chez el e se metèt al lièit. A peno s'èro couchat, que sa segoundo fillo intrèt dins la crampo.

— Qu'abès, pai ?

— Sèi malau; me podes gari se bos. Cal espousa lou rèi de Franço.

— Boli pas l'espousa.

Lou lendouma, l'ome tournèt traballa dins soun can, proche del nouguè, e entendèt la boès que disio :

— Ome, se me dounos pas uno de tas fillos en maridatge, te mingi.

— Rèi de Franço, ma segoundo fillo bol pas de tu. Parlarèi aqueste sero a la tresièmo, e s'i counsen, l'auras en maridatge.

L'ome rentrèt chez el e se boutèt al lièit. A peno s'èro couchat, que sa tresièmo fillo entrèt dins la crampo.

— Qu'abès, pai ?

— Sèi malau, me podes gari se bos. Cal espousa lou rèi de Franço.

— Espousarèi lou rèi de Franço, mès boli que me dongue en presen de noços tres raubos : uno coulou del cièl, l'autro coulou de la luno, e l'autro coulou del sourèl. Boli que me dongue tabé un coubèr d'or, ambe la sièto e lou goubelet, un trol d'or, e doutze fusèls d'or ambe la filièro.

— Auras tout acò, ça diguèt lou rèi de Franço, qu'escoutabo a la porto.

Lous presens arribèron lou lendouma, e lou maridatge fusquèt fèit quinze jours après. En sourtin de la glèiso, lou rèi de Franço diguèt a sa fenno :

— Partissi per un gran bouiatge. Se dins nau ans sèi pas tournat, partirés per me cerca.

Lou rèi de Franço partisquèt per soun gran bouiatge, e oèit annados francos se passèron sans que tournèsse. Sa fenno attendèt enquèro un mes; après partisquèt au recerc de soun marit. Al cat de tres jours, troubèt uno pèl d'ase sur soun cami, e la metèt sur soun col. Al cat de tres autres jours, arribèt al bor d'un riu oun de fennos lababon la bugado.

— Labairos, abès bist lou rèi de Franço ?

— O, Pèl-d'Ase, l'abèn bist. Es aqui, dins aquelo glèizo, e espouso une fillo bèlo coumo lou jour.

— Mercio, labairos. Per bous paga aquel renseignomen, bous boli aduja a laba.

Las labairos li dounèron un tourchou negre coumo de surjo, mès en un moumen Pèl-d'Ase lou rendèt tan blan coumo la mai bèlo serbieto.

En quittan las labairos, Pèl-d'Ase s'en anguèt sur la porto de la glèizo, e troubèt lou rèi que sourtissiò.

— Rèi de Franço, te soubenes quan moun pai trabaillabo dins soun can, proche del nouguè, e que li disiòs : « Ome, se me dounos pas uno de tas fillos en maridatge, te mingi. »

Lou rèi de Franço respoundèt pas, e toutjour Pèl-d'Ase repetabo :

— Rèi de Franço, te soubenes quan moun pai trabaillabo dins soun can, proche del nouguè, et que li disiòs: « Ome, se me dounos pas uno de tas fillos en maridatge, te mingi. »

Alabés lou curè s'aprouchèt :

— Rèi de Franço, te coumandi, per lou salut de toun amo, de me dire se n'as pas espousat d'autro fenno aban de te marida aci.

— Nou, curè.

Alabés Pèl-d'Ase se taisèt e damourèt sur la porto de la glèizo dinqu'a la sourtido de la nôbio.

— Madamo, ça lou diguèt, abès pas besou d'uno gouyo ?

— O, Pèl-d'Ase, n'èi besou d'uno per garda lous piotz.

Pèl-d'Ase sieguisquèt lou rèi et la rèino dins lour castèl, e lou sero diguèt a la rèino :

— Madamo, daichas-me coucha ambe lou rei de Franço.

— Nou, Pèl-d'Ase, n'i èi pas enquèro couchat jou mèmo.

— Madamo, se me daichas coucha ambe lou rei de Franço, bous doni un coubèr d'or ambe la sièto e lou goubelet.

— E be ! Pèl-d'Ase, acò es combengut.

Pèl-d'Ase dounguèt a la rèino lou coubèr d'or, ambe la

6

sièto e lou goubelet, e s'anguèt coucha al coustat del rèi de Franço.

— Rèi de Franço, ça li disiò toute la nèit, te soubenes quan moun pai traballabo dins soun can, proche del nouguè, e que li disiòs : « Ome, se me dounos pas uno de tas fillos en maridatge, te mingi. » Mès la rèino abiò dounat las endromos al rèi de Franço, e respoundèt pas a Pèl-d'Ase.

Lou lendouma mati la rèino intrèt dins la crampo.

— Anen, Pèl-d'Ase, lèbo-te, es ten d'ana garda lous piotz.

Pèl-d'Ase se lebèt et s'en anguèt garda lous piotz dinqu'au sero. Alabés diguèt à la rèino :

— Madamo, daichas-me coucha ambe lou rèi de Franço.

— Nou, Pèl-d'Ase, n'i èi pas enquèro couchat jou-mèmo, e tu i as couchat un cot.

— Madamo, se me daichas coucha ambe lou rèi de Franço, bous doni un trol d'or e doutze fusèls d'or, ambe la filièro.

— E be ! Pèl-d'Ase, aco es coumbengut.

Pèl-d'Ase dounguèt a la rèino lou trol d'or e lous doutze fusèls d'or, ambe la filièro, e s'anguèt coucha al coustat del rèi de Franço.

— Rèi de Franço, ça li disiò touto la nèit, te soubenes quan moun pai traballàbo dins soun can, proche del nouguè, e que li disiòs : « Ome, se me dounos pas uno de tas fillos en maridatge, te mingi. »

Mès la rèino abiò dounat las endromos al rèi de Franço, e respoundèt pas a Pèl-d'Ase.

Lou lendouma mati la rèino intrèt dins la crampo.

— Anen, Pèl-d'Ase, lèbo-te; es ten d'ana garda lous piotz.

Pèl-d'Ase se lebèt e s'en anguèt garda lous piotz dinqu'au sero. Alabés diguèt a la rèino :

— Madamo, daichas-me coucha ambe lou rèi de Franço.

— Nou, Pèl-d'Ase; i èi pas enquèro couchat jou-mèmo, e tu i as couchat dus cotz.

— Madamo, se me daichas coucha ambe lou rèi de Franço,

bous doni diòs raubos, uno coulou del cièl e l'autro coulou de la luno.

— E be ! Pèl-d'Ase, acò es coumbengut.

Pèl-d'Ase dounguèt a la rèino la raubo coulou del cièl e la raubo coulou de la luno, e s'anguèt coucha al coustat del rèi de Franço.

— Rèi de Franço, ça li disiò touto la nèit, te soubenes quan moun pai traballabo dins soun can, proche del nouguè, e que disiòs : « Ome, se me dounos pas uno de tas fillos en maridatge, te mingi. »

Mès la rèino abiò dounat al rèi de Franço las endromos pas tan fortos que las diòs autros, e el respoundiò en plouran :

— O, m'en soubeni. O, m'en soubeni.

Lou lendouma mati, Pèl-d'Ase se lebèt, e quan la rèino entrèt dins la crampo per li dire d'ana garda lous piotz, la troubèt bestido de sa raubo coulou del sourèl.

— Rèino, ça diguèt lou rèi de Franço, aimaiòs millou èstre la prumèro fenno d'un ome ou la segoundo ?

— Aimaioi millou èstre la prumèro.

— E be ! t'es coundannado tu mèmo, per ço qu'as fèit e per ço qu'as dit. Pren toun coubèr d'or ambe la sièto e lou goubelet ; pren lou trol d'or, ambe lous doutze fusèls d'or e la filièro ; pren las diòs raubos, uno coulou del cièl e l'autro coulou de la luno, e tourno chez tous parens.

La rèino debalèt cot set a l'escudrio, fasquèt sela un chibal, e tournèt che sous parens. Pèl-d'Ase damourèt dins lou castèl, e debenguèt rèino a sa plaço.

<blockquote>
E cric, cric,
Moun counte es finit ;
E cric, crac,
Moun counte es acabat.
Passi per moun prat,
Ambe une cuillèro de fabos que m'an dounat.
</blockquote>

II

Lous dus Bessous

I abió un cot un ome que passabo tout soun ten a pesca. Un jour aquel ome prenguèt un gros pei.

— Ome, ça diguèt lou gros pei, daicho-me ana.

— Nou, gros pei, te boli pourta a ma fenno que te fara coire, e te minjaren ensemble.

— Ome, daicho-me ana. T'ensegnarèi un endret oun prendras de peis tan que boudras.

L'ome daichèt ana lou gros pei, que l'enseignèt un endret oun prenguèt de peis tan que boulguèt.

Lou lendouma, l'ome tournèt a la pesco e tournèt prene lou gros pei,

— Ome, ça diguèt lou gros pei, daicho-me ana.

— Nou, gros pei, te boli pourta a ma fenno que te fara coire, e te minjaren ensemble.

— Ome, daicho-me ana. T'ensegnarèi un endret oun prendras de peis tant que boudras.

L'ome daichèt ana lou gros pei, que l'enseignèt un endret oun prenguèt de peis tan que boulguèt.

Quan rentrèt a l'oustal, sa fenno li diguèt :

— Coumo as fèit per prene tan de peis hier e anèit ?

— Hier e anèit èi pres un gros pei que m'a demandat de lou daicha ana, e que m'a enseignat un endret oun èi pres de peis tan qu'èi boulgut.

— Escouto, moun ome, se tournos prene aquel gros pei, porto-me-lou ; ne boli minja.

Lou lendouma, l'ome tournèt a la pesco, e tournèt prene lou gros pei.

— Ome, ça diguèt lou gros pei, daicho-me ana.

— Nou, gros pei, te boli pourta a ma fenno que te fara coire, e te minjaren ensemble.

— Ome, daicho-me ana. T'enseignarèi un endret oun prendras de peis tan que boudras.

— Nou, gros pei, nou podi pas. Èi countat tout a ma fenno, que m'a recoumandat de te pourta se tournabi te prene, pramo que te bol minja.

— E be! ome, perque dibi èstre minjat, quan saras rintrat dins toun oustal, dounaras moun cat a ta cagno, ma cùio a ta cabalo e moun bentre a ta fenno. Ta cagno fara dus cagnotz, ta cabalo dus poulins, e ta fenno dus bessous.

L'ome tournèt a soun oustal ambe lou gros pei, e dounèt lou cat a sa cagno, la cùio a sa cabalo e lou bentre à sa fenno.

Al temps boulgut, la cagno fasquèt dus cagnotz, la cabalo dus poulins e la fenno dus bessous. Lous dus cagnotz, lous dus poulins e lous dus bessous benguèron grans dinqu'a l'atge de bint ans, e la ressemblanço èro tan grano per cado parèl, qu'èro impoussible de fa la diferenço un ome ou d'un animal de l'autre.

Al cat de bint ans, lous dus bessous prenguèron cadun un chibal e un ca, e s'armèron per ana courre lou mounde. Caminèron lountèn, lountèn, lountèn, dinqu'a quatre camis oun i abiò uno croutz de pèiro.

— Frai, ça diguèt l'ainat des bessous, es aci que nous cal separa. M'en bau del coustat del sourèl leban; tu, bèi-t'en del coustat del sourèl couchan. Quan tournaras a l'oustal, trucaras aquelo croutz de pèiro ambe toun espaso. Se ne coulo de san, aco boudra dire que m'es arribat malur. Mès se ne coulo res, aco sera bou sinne, e poudras sègre toun cami dinqu'a l'oustal.

— Frai, aco es coumbengut, ça diguèt lou cadèt des bessous.

Lous dus frais se separèron e s'en anèron, un al leban e l'autre al couchan. Penden tres jours e tres nèitz, l'ainat caminèt dins un gran bos, sen res beire ni res entendre que lous ausèls del cièl e las bèstios saubatjos. Enfi, arribèt dins uno bilo oun toutos las gens èron en dol e plourabon.

— Gens de la bilo, perqué sès en dol e perqué plouras atal ?

— Cèrtos, abèn pla rasou d'èstre en dol e de ploura. I a dins lou bos tout proche uno grando bèstio a sèt catz, que nous pren cado an la plus bèlo de nostros jouinos fillos. Hier enquèro, nous a fèit dire que bendriò nous minja toutz se nou li en amenabon pas uno. Per forço a calgut aubei, e aqueste mati sèn anatz dins lou bos liga al pè d'un casse uno doumaisèlo bèlo coumo lou jour.

— Gens de la bilo, quitas lou dol e nou plourés plus. Bau ana dins lou bos, e se a Diu plai, tiarèi la grando bèstio a sèt catz e delibrarèi la doumaisèlo.

— Diu t'assiste, brabe gouiat, e te garde de malur !

L'ainat des bessous estiflèt soun ca, tirèt soun espaso, e partisquèt pel bos al gran galot de soun chibal. Al cat de tres ouros de courso, troubèt ligado al pè d'un casse, la doumaisèlo bèlo coumo lou jour.

— Moussu, ça diguèt la doumaisèlo, que sès bengut fa aci ? Entendi lous critz de la grando bèstio a sèt catz que s'aprocho. Bous poudès enquèro sauba penden que me minjara.

— Doumaisèlo, sèi pas bengut aci per fuge. Boli tia la grando bèstio a sèt catz e bous espousa anèit. — Hardit ! moun ca ; gagno ta sibado, moun bou chibal !

Penden tres ouros de relotge, l'ainat des bessous coumbatèt la grando bèstio a sèt catz e finisquèt per la parça part e part. Alors li derreguèt las sèt lengos que metèt dins soun mouchoèr. Après coupèt d'un cot d'espaso las cordos que ligabon la doumaisèlo, e la ramenèt en courpo a la bilo.

— Brabos gens, èi tiat la grando bèstio a sèt catz. Aro me cal aquelo doumaisèlo per fenno.

— O, o, brabe gouiat, espouso-la ; te l'as pla gagnado.

L'ainat des bessous menèt sul cot la doumaisèlo a la glèiso e l'espousèt. La noço durèt dinqu'à mèjo nèit, e al prumè sóun de campano, tout lou mounde s'anguèt coucha. Lou lendouma mati, al pun del jour, lou marit rebeillèt sa fenno.

— Fenno, abillo-te, e anen nous proumena dins la campagno.

La damo s'abillèt e seguisquèt soun marit à la proumenado.

— Fenno, ça diguèt lou marit, qu'es aquel oustalet que besi la-bas? Lou boli croumpa per me repausa quan anirèi a la casso.

— Gardas-bous-en bien, moun bouu amit; es un oustalet mal abitat. Si anabos, bous arribaiò malur.

L'ainat des bessous respoundèt res; mès ramenèt sa fenno a la bilo, e tournèt soul tusta a la porto de l'oustalet.

— Pan! pan! pan!

— Que demandos?

— Oubrès, ou enfounci la porto !

— La porto es en co de casse e en fèr, ambe de bounos sarraillos e de farrouls soulides. Nou l'enfounçaras pas. Se bos intra, derrego un pièl de toun cat e fèi-nous lou passa par la gatounèro.

L'ainat des bessous derreguèt un pièl de soun cat e lou fasquèt passa per la gatounèro; mès sul cot la tèrro l'abalèt.

Penden que tout aco se passabo, la damo, que nou sabiò res, demandabo noubèlos de soun marit.

— Sabès ount es anat? ça disiò a tout lou mounde.

— Madamo, l'abèn bis de lèn a intra dins l'oustalet mal abitat; mès l'en abèn pas bis a sourti.

— Ah! moun Diu! li sera arribat malur.

Penden que la damo plourabo toutos las larmos de sous èls e pregabo Diu de li tourna soun marit, lou cadèt des bessous abiò finit soun bouiatge al couchan, e tournabo dins soun pais, mountat sur soun chibal e seguit de soun ca. Arribat als quatre camis ountèro la croutz de pèiro, se

soubenguèt de la proumesso qu'abiò fèito a soun frai ainat.
Ta lèu tirèt soun espaso e tustèt la croutz. Al prumè pic
la san coulèt.

— Ah ! moun Diu ! es arribat malur a moun frai ainat ! —
Hardit ! moun ca ; gagno ta sibado, moun boun chibal !

Al sourèl couchan, lou cadèt des bessous èro dins la bilo
oun la fenno de soun frai plourabo toutos las larmos de sous
èls, e pregabo Diu de li ramena soun marit.

— Madamo, madamo, ça cridèron las gens de la bilo,
aqui bostre marit que tourno.

— Ah ! moun Diu, moun boun amit, cregnioi que bous
estèsse arribat malur dins l'oustalet mal abitat.

Lou cadèt des bessous semblabo talomen a soun frai
ainat, que tout lou mounde lou preniò per el. Soupèt ambe la
damo, e s'anguèt coucha amb' elo. Mès a peno estèt al lièit
que se birèt del coustat de la paret e s'endourmisquèt coumo
uno souco, de sorto que nou se passèt res de touto la nèit.

Lou lendouma, a la punto del jour, selèt soun chibal,
estiflèt soun ca, e s'en anguèt tusta a la porto de l'oustalet
mal abitat.

— Pan ! pan ! pan !
— Que demandos ?
— Oubrès, ou enfounci la porto !
— La porto es en co de casse e en fèr, ambe de bounos sarraillos e de farrouls soulides. Nou l'enfounçaras pas. Se bos
intra, derrego un pièl de toun cat e fèi-lou passa per la gatounèro.

Lou cadèt des bessous darriguèt un crin de la crinièro de
soun chibal ; mès sul cot la terro abalèt lou chibal. Alors lou
cabaliè intrèt ambe soun ca per la porto oubèrto, e tièt
toutos las mechantos gens qu'èron dins l'oustalet. Aco fèit,
despabèt la crampo basso, e delibrèt soun frai e soun chibal.

— Aro, frai, cal tourna à la bilo. Quan i saren, beirèi s'ès
un ome abisat.

Quan aribèron a la bilo, las gens estèron fort estounatz

de beire dus omes, dus chibals e dus cas ta parfètomen ressemblans ; e la fenno de l'ainat nou sabiò coumo recouneche soun marit.

— Fenno, ça diguèt lou cadèt, nou me recouneches pas ?

— Fenno, ça diguèt l'ainat, nou me recouneches pas ?

— Bous ressemblas talomen, que nou sèi pas en estat de causi. Que lou de bous dus qu'es moun marit, m'en dongue la probo.

Alors l'ainat des bessous tirèt de sa pocho lou mouchoèr ountèron las sèt lengos de la grando bèstio.

— Acò es bous que sès moun marit.

— Frai, ça diguèt lou cadèt, besi que sès un ome abisat. Damoro aci ambe ta fenno, e que Diu bous mantengue en countentomen e santat. Jou, m'en tourni a l'oustal, e dounarèi de bostros noubèlos a nostres parens.

E cric, cric,
Moun counte es finit ;
E cric, crac,
Moun counte es acabat.
Passi per moun prat,
Ambe uno cuillèro de fabos que m'an dounat.

III

Las diòs Fillos

I abiò un cot un ome e uno fenno qu'abiòn uno fillo poulido coumo lou jour. La fenno mourisquèt, e l'ome se tournèt marida ambe uno fenno que s'acouchèt d'uno autro fillo lèdo coumo lou pecat.

Quan las diòs fillos fusquèron grandetos, la mairastro, que poudiò pas senti la poulido fillo e que la roussabo bint cotz per jour, diguèt à soun ome.

— Pren ta fillo e counduis-la.

L'ome abiò pietat de la poulido fillo; mes abiò pòu de sa fenno, e respoundèt :

— Farèi ço que bos.

Mès la poulido fillo, qu'èro sarrado darrè la porto, abiò tout entendut, e sul cot courguèt zou dire a sa mairino.

— Fillolo, ça diguèt la mairino, ramplis tas pochos de cendres. Per aquel mouièn rentraras a l'oustal.

La poulido fillo tournèt al galot che soun pai e ramplisquèt sas pochos de cendres. A peno abiò finit, que soun pai li diguèt :

— Anen cerca de brutz dins lou bos.

Partiron pel bos; mès lou pai n'abiò pas lou co a cerca de brutz. Tout en marchan, la poulido fillo samenabo sur soun cami las cendres qu'abiò dins sas pochos, coumo sa mairino li abiò dit. Enfi, lou pai se jitèt dins un fourrat sans èstre bist, daichèt la poulido fillo souleto, e s'en tournèt dins soun oustal a l'intrado de la nèit.

— E be! moun ome, as counduit ta fillo?

— Es fèit.

— E bé! moun ome, per ta peno bas minja ambe nous autres uno sièto de cruchado.

Tout en minjan la cruchado, l'ome pensabo a la poulido fillo qu'abiò abandounado touto souleto dins lou bos, e disiò :

— Ah ! se la pauroto èro aci, minjaiò tabé sa pourtiou de cruchado.

— Sèi aci, pai, ça diguèt la poulido fillo, qu'abiò retroubat soun cami ambe las cendres, e qu'escoutabo a la porto.

Lou pai fusquèt bien counten de beire la poulido fillo tournado e que minjabo sa pourtiou de cruchado de boun apetit. Mès quan se fusquèt anado coucha ambe sa so, la mairastro li diguèt :

— Sès uno bèstio, n'as pas counduit ta fillo prou lèn. Tourno-la mena douma dins lou bos, e tacho que tourne plus.

L'ome abiò pietat de la poulido fillo; mès abiò pòu de sa fenno, e diguèt :

— Farèi ço que bos.

Mès la poulido fillo, que s'èro lebado de soun lièit, e qu'escoutabo sarrado darrè la porto, abiò tout entendut. Sul cot courguèt zou dire a sa mairino.

— Fillolo, ça diguèt la mairino, ramplis tas pochos de grano de li. Per aquel mouièn rentraras a l'oustal.

La poulido fillo tournèt al galot che soun pai, ramplisquèt sas pochos de grano de li, e se tournèt metre al lièit. Lou lendouma mati, soun pai intrèt dins la crampo e li diguèt :

— Anen cerca de brutz dins lou bos.

Partisquèron pel bos; mès lou pai n'abiò pas lou co a cerca de brutz. Tout en marchan, la poulido fillo samenabo la grano de li qu'abiò dins sas pochos, coumo sa mairino li abiò dit. Enfi, lou pai se jitèt dins un fourrat sans èstre bist, daichèt la poulido fillo souleto, e s'en tournèt dins soun oustal a l'intrado de la nèit.

— E be ! moun ome, as counduit ta fillo ?

— Es fèit.

— E be ! moun ome, per ta peno bas minja ambe nous autres uno sièto de cruchado.

Tout en minjan la cruchado, l'ome pensabo a la poulido fillo, qu'abiò abandounado touto souleto dins lou bos, e disiò :

— Ah ! se la pauroto èro aci, minjaiò tabé sa pourtiou de cruchado.

— Sèi aci, pai, ça diguèt la poulido fillo, qu'abiò retroubat soun cami ambe la grano de li, e qu'escoutabo a la porto.

Lou pai fusquèt bien counten de beire la poulido fillo tournado e que minjabo sa pourtiou de cruchado de boun apetit. Mès quan s'estèt anado coucha ambe sa so, la mairastro li diguèt :

— Sès uno bèstio, n'as pas counduit ta fillo enquèro prou lèn. Tourno-la mena douma dins lou bos, e tacho que tourne pas.

L'home abiò pietat de la poulido fillo ; mès abiò pòu de sa fenno, e diguèt :

— Farèi ço que bos.

Mès la poulido fillo, que s'èro lebado de soun lièit, e qu'escoutabo sarrado darrè la porto, abiò tout entendut. Sul cot courguèt zou dire a sa mairino.

— Fillolo, ça diguèt la mairino, ramplis tas pochos de grus de mil. Per aquel mouièn rintraras a l'oustal.

La poulido fillo tournèt al galot che soun pai, ramplisquèt sas pochos de grus de mil e se tournèt mètre al lièit. Lou lendouma mati, soun pai intrèt dins la crampo e li diguèt :

— Anen cerca de brutz dins lou bos.

Partisquèron pel bos; mès lou pai n'abiò pas lou co a cerca de brutz. Tout en marchan, la poulido fillo samenabo lous grus de mil qu'abiò dins sas pochos, coumo sa mairino li abiò dit. Enfi, lou pai se jitèt dins un fourrat sans èstre bist, daichèt la poulido fillo souleto, e s'en tournèt dins soun oustal.

Mès quan la poulido fillo boulguèt tourna prene soun cami pel mouièn dels grus de mil, se troubèt qu'èron estatz minjatz per las agassos. Marchèt lounten, lounten, lounten a trabès lous bos, dinqu'a un castèl gran coumo la bilo d'Agen.

— Pan ! pan !

— Qui tusto ?

— Aco es uno pauro fillo qu'a perdut soun cami, e que demando a soupa e a loutja.

La damo del castèl embouièt la poulido fillo soupa a la cousino ambe sous bailetz e sas gouios, e coumandèt que li dounèssen un boun lièit. Lou lendouma mati, la fasquèt beni dins sa crampo, e oubrisquèt la porto d'un cabinet qu'èro tout ple de raubos.

— Poulido fillo, quito tas hardos, e causis lous abillomens que boudras.

La poulido fillo causisquèt la raubo la mai lèdo. Alors la damo del castèl la fourcèt de prene la plus bèlo, e de se la mètre cot set. Après, oubrisquèt un gran coffre ple de pèços e de bijouterio.

— Poulido fillo, causis dins aquel coffre tout ço que boudras.

La poulido fillo prenguèt pas que dus arditz e uno bago de couire. Alors la damo del castèl la carguèt de quadruplos, de bagos, de cadenos e de pendelocos d'or, e la menèt a l'escuderio.

— Poulido fillo, pren la bèstio que boudràs, ambe la brido e la sèlo.

Mès la poulido fillo nou prenguèt qu'un ase, un cabestre de cordo e uno mechanto coubèrto. Alors la damo del castèl la fourcèt de prene lou mai bèl chibal, la mai bèlo brido e la mai bèlo sèlo.

— Aro, ça li diguèt, mounto a chibal e tourno dins toun

pais. Nou te rebires pas del coustat del castèl que nou siosques la-bas, al cat d'aquelo costo. Alors, lèbo lou cat e aten.

La poulido fillo remercièt bien la damo del castèl, mountèt a chibal, e partisquèt per soun pais sans jamai se rebira. Quan estèt al cat de la costo, lebèt lou cat e atendèt. Alors tres estèlos debalèron del cièl; diòs se repausèron sur soun cat, e uno sur soun mentou.

Coumo se tournabo mètre en routo, un gouiat s'en tournabo de la casso, mountat sur soun gran chibal, ambe nau cas lebrès al darrè : tres negres coumo de carbous, tres roujes coumo lou fèt, e tres blans coumo la mai fino napo. Quan bit uno tan bèlo cabalièro, metèt soun capèl a la ma.

— Doumaisèlo, ça diguèt, sèi lou fil del rèi d'Englotèrro. Èi roullat lou mounde penden sèt ans, e n'èi troubat nat ome tan for e tan hardit coumo jou. Se zou boulès, sarèi bostre coumpagnou, per bous defendre countro las mechantos gens.

— Mercio, fil del rèi d'Englotèrro; saberèi be tourna trouba souleto lou cami de moun pais. Mès nou gausi pas tourna a l'oustal, crento de ma mairastro, que nou me pot pas beire pramo de sa fillo lèdo coumo lou pecat. Per tres cotz, a fourçat moun pai de m'ana coundui dins un bos.

Alors lou fil del rèi d'Englotèrro intrèt dins uno coulèro terriblo. Tirèt soun espaso e estiflèt sous cas lebrès :

— Poulido fillo, moustro-me lou cami de toun oustal. Boli ana fa minja per ma muto toun pai, ta mairastro e ta so.

— Fil del rèi d'Englotèrro, bostro muto es a bostre coumandomen; mès nou fares pas aco. S'a Diu plai, sara pas dit que moun pai, ma mairastro e ma so auran soufèr lou plus pitchou mal pramo de jou.

— E be, dirèi a moun jutje rouge : « Jutjo-lous toutz tres a mort. » Lou pagui : cal que se gagne soun argen.

— Fil del rèi d'Englotèrro, bostre jutge rouge es a bostre coumandomen; mès nou fares pas aco. S'a Diu plai, sera pas dit que moun pai, ma mairastro e ma so auran soufèr lou plus pitchou mal pramo de jou.

— E be, se boulès que lous perdoune, cal que siosques ma fenno.

— Fil del rèi d'Englotèrro, sarèi bostro fenno se lous boulès perdouna.

Lou fil del rèi d'Engloterro espousèt la poulido fillo, qu'estèt pla urouso ambe el, e debenguèt la mai grando damo del pais. Pau de ten après la noço, la so, lèdo coumo lou pecat, aprenguèt ço que s'èro passat e diguèt :

— Anirèi al bos jou tabe, e m'en arribara autan.

Partisquèt pel bos, e marchèt lounten, lounten, lounten. Anfin, arribèt a la porto del castèl gran coumo la bilo d'Agen.

— Pan ! pan !

— Qui tusto ?

— Aco es uno pauro fillo qu'a perdut soun cami, e que demando a soupa e a loutja.

La damo del castèl embouièt la poulido fillo soupa a la cousino, ambe sous bailetz e sas gouios, e coumandèt que li dounèssen un boun lièit. Lou lendouma, la fasquèt beni dins sa crampo, e oubrisquèt la porto del cabinet qu'èro tout ple de raubos.

— Mio, quito tas hardos, e causis lous abillomens que boudras.

La fillo lèdo coumo lou pecat causisquèt la mai poulido raubo. Alors la damo del castèl la fourcèt de prene la plus lèdo, e de se la bouta cot set. Après, oubrisquèt lou coffre ple de pèços et de bijouterio.

— Mio, pren dins aquel coffre ço que boudras.

La fillo lèdo coumo lou pecat causisquèt de quadruplos, de bagos, de cadenos e de pendelocos d'or; mès la damo del castèl nou la daichèt prene que dus arditz e uno bago de couire. Aco fèit, la menèt a l'escuderio.

— Mio, causis la bèstio que boudras, ambe la brido e la sèlo.

La fillo lèdo coumo lou pecat causisquèt lou mai bèl chibal, la mai bèlo brido e la mai bèlo sèlo; mès la damo del castèl la daichèt pas prene qu'un ase, un cabestre de cordo e uno mechanto coubèrtô.

— Aro, ça li diguèt, mounto sur toun ase, e tourno dins toun pais. Nou te rebires pas que nou siosques la-bas al cat d'aquelo costo. Alors lèbo lou cat et aten.

La fillo lèdo coumo lou pecat remercièt pas la damo del castèl. Mountèt sur soun ase, e tournèt parti per soun pais; mès se rebirèt aban d'arriba al cat de la costo, e atendèt. Alors tres bousos de baco toumbèron sur elo, diòs sul cat, e uno sul mentou.

Coumo se tournabo metre en cami, rencountrèt un bièl ome, sale coumo un peigne e ibrogno coumo uno barrico.

— Mio, ça diguèt, te trobi fèito a ma fantasio. Cal que siosques ma fenno, ou mouriras pas que de mas mas.

Per forço la fillo lèdo coumo lou pecat dibèt segre l'ibrogno dins soun oustal e counsenti al maridatge. Dunpèi lors, soun marit countinuo de bèure coumo un trau, e rosso sa fenno bint cotz per jour.

E cric, cric,
Moun counte es finit;
E cric, crac,
Moun counte es acabat.
Passi per moun prat,
Ambe uno cuillèro de fabos que m'an dounat.

IV

La Cambo d'or

I abió un cot uno damo bèlo coumo lou jour. Aquelo damo se coupèt la cambo un sero, en debalan sans candelo l'escalè de soun oustal. Lou marit fasquèt apela un medeci.

— Bounjour, medeci.

— Bounjour, moussu.

— Medeci, bas renja la cambo de ma fenno, e per ta peno te dounarèi d'or e d'argen tan que boudras.

— Moussu, ni jou ni digun nou sèn en estat de renja aquelo cambo. La cal coupa.

— E be ! medeci, fai toun mestiè.

Lou medeci coupèt la cambo de la damo, e lou marit s'en anguèt chez un bijoutiè coumanda per sa fenno uno cambo d'or. Aquelo cambo èro tan bien fèito que la damo s'en serbissió per ana oun bouliò, sans tourteja ni se serbi d'un bastou.

Al cat de sèt ans, la damo mourisquèt, e lou marit dounèt orde de l'enterra ambe sa cambo d'or. Sa boulentat fusquèt fèito ; mès, la nèit mèmo de l'enterromen, un bailet sourtisquèt al sarrat de l'oustal, s'en anguèt al cementèri desterra la damo, li prenguèt sa cambo d'or, e tournèt la sarra dins soun armàri. A peno s'èro couchat, qu'entendèron uno boès a crida :

— D'or, d'or, rendès-me ma cambo d'or !

Lou lendouma mati, a l'*Angelus,* lou cloutaire benguèt trouba lou marit e li diguèt :

— Bounjour, moussu. Bèni del cementèri. Bostro fenno qu'es debat tèrro fai que crida : « D'or, d'or, rendès-me ma cambo d'or ! » Embouias, bous en prègui , quauqu'un per sabe ço que bol.

Lou marit se rendèt al cementèri.

— Que bos, mio ?

— D'or, d'or, rendès-me ma cambo d'or !

— Mio, as tort de te plagne ; èi dounat orde de t'enterra ambe ta cambo.

— D'or, d'or, rendès-me ma cambo d'or !

— Mio, sès pas rasounablo. Se n'as res de millou a me dire, bounjour. Te farèi dire de mèssos.

Lou marit s'en tournèt a l'oustal; mès uno ouro après lou cloutaire tournèt li dire :

— Bounjour, moussu. Bèni del cementèri. Bostro fenno qu'es debat terro fai que crida : « D'or, d'or, rendès-me ma cambo d'or ! » Embouias, bous en prègui, quauqu'un per sabe ço que bol.

Lou marit i embouièt la gouio.

— Que boulès, madamo ?

— D'or, d'or, rendès-me ma cambo d'or !

— Madamo, abès tort de bous plagne. Bous an entèrrado ambe bostro cambo d'or.

— D'or, d'or, rendès-me ma cambo d'or !

— Madamo, sètz pas rasounablo. Se n'abès res de millou a me dire, bounjour. Bostre marit bous fara dire de mèssos.

La gouio s'en tournèt a l'oustal; mès uno ouro après lou cloutaire tournèt dire al marit :

— Bounjour, moussu. Bostro fenno qu'es debat terro fai que crida : « D'or, d'or, rendès-me ma cambo d'or ! » Embouias quauqu'un, bous en prègui, per sabe ço que bol.

Lou marit i boulguèt embouia lou bailet.

— Moussu, gausi pas.

— Bèis-i, paurut.

— Moussu, gausi pas.

— Bèis-i, te disi, ou te tioi d'un cot de fusil !

Per forço lou bailet partisquèt pel cementèri.

— Que boulès, madamo ?

— Acò es tu que boli !

La damo sourtisquèt de soun clot, empourtèt lou bailet debat tèrro e se lou mingèt.

E cric, cric,
Moun counte es finit ;
E cric, crac,
Moun counte es acabat.
Passi per moun prat,
Ambe uno cuillèrò de fabos que m'an dounat.

V

La lèit de Madamo

Madamo demando de lèit. Bau trouba la baco. La baco me dit :

— Te dounarèi de lèit ; douno-me de fe.

Bau trouba lou prat. Lou prat me dit :

— Te dounarèi de fe ; douno-me uno daillo.

Bau trouba lou faure. Lou faure me dit :

— Te dounarèi uno daillo ; douno-me de lar.

Bau trouba lou porc ; lou porc me dit :

— Te dounarèi de lar, douno-me de glan.

Bau trouba lou casse ; lou casse me dit :

— Te dounarèi de glan, douno-me de ben.

Bau trouba la mer per abe de ben.

La mer m'esbento, esbenti lou casse ; lou casse m'englando, englandi lou porc ; lou porc m'enlardo, enlardi lou faure ; lou faure m'endaillo, endailli lou prat ; lou prat m'enfeno, enfeni la baco ; la baco m'enlèito, enlèiti Madamo.

VI

La Crabo e lou Lout

La crabo e lou lout boulguèron beni riches, e s'associèron per trabailla uno bordo.

— Lout, ça diguèt la crabo, lous bous countes fan lous bous amitz. Aban de nous mètre al trabal, cal bièn fa nostres accors, e coumbeni de la part que cadun diu prendre dins las recoltos. L'un de nous autres aura ço que poussara debat tèrro, e l'autre ço que poussara dessus. Causis; me countenti de ço que nou boudras pas.

— Causissi ço que poussera dessus.

La crabo samenèt touto la bordo en als, ougnous e rabos, de sorto qu'aguèt lous catz de tous lous leguns, e que soun paure assouciat n'aguèt que las cùios.

— Me sèi troumpat l'annado passado, ça diguèt lou lout, e causissi, per aquesto, tout ço que poussara debat la tèrro.

La crabo samenèt touto la bordo en blat e en segle, de sorto qu'aguèt tout lou gran e touto la paillo, e que soun paure assouciat n'aguèt que las racinos.

Alors lou lout se proumetèt de puni la crabo de sous mechans tours, e de proufita de la prumèro ocasiou oun saiò soul ambe la crabo per la minja. Mès aquelo debinèt la pensado del lout e se tenguèt sur sas gardos, en atenden lou moumen de se debarrassa de soun enemit.

Un jour, lou lout s'en anguèt trouba la crabo.

— Bounjour, crabo.

— Adiu, lout.

— Crabo, èi de bien mechantos soupos a l'oustal, e beni gousta la tiò.

— Ambe plasé, lout.

La crabo serbisquèt al lout uno gran sietado de soupos, e après s'anguèron proumena dins uno glèiso qu'abiò sa porto traucado.

— Crabo, ça diguèt lou lout, intrén dins aquelo glèiso per prega Diu.

— Ambe plasé, lout.

— Aro que sèn intratz, crabo, cal que te minge.

— Fat, sèi bièillo e magro; faios un triste repas. Minjo mai lèu aquelo micho de pa de quinze liuros que qualqu'un a metudo pel curè sur la marcho de l'auta.

— As rasou, crabo.

Lou lout se jitèt sur la micho, e la crabo proufitèt d'aquel moumen per sourti pel trau de la porto. Mès quan lou lout ne boulguèt fa astan, se troubèt que lou pa qu'abiò minjat li abiò tan enflat lou bentre que nou poudiò pas passa.

— A moun secour, crabo; lou trau de la porto s'es apitchounit.

— Nou, lout, aco es toun bentre que s'es enflat. Tacho de sourti de la glèiso en grimpan lou loun de la cordo de la campano.

Lou lout se pendèt a la cordo e metèt la campano à la boulado, de sorto que las gens de la paroèsso courguèron en tout aquel tapatge. Quan besquèron a qui abion afa, s'armèron de fourcos e de bastous, de sorto que la bilèno bèstio pensèt i daicha lou coè, e s'escapèt touto en san. La crabo que regardabo de lèn risiò coumo uno folo.

— Ah! crabo, las gens d'aquesto paroèsso soun de bien mechans crestias. Regardo dins quin estat m'an mes daban l'auta mèmo dou Boun Diu. N'en podi plus, e dounaioi dètz ans de ma bito countro un pau d'aigo per laba mas blassuros e me gari de la set que me douno tout lou pa qu'èi minjat.

— E bé! lout, sauto dins aquel putz. Quan auras labat tas plagos e begut a ta set, t'adujarèi a remounta.

Lou lout sautèt dins lou putz, labèt sas plagos e beguèt a sa set.

— Aro, crabo, adujo-me a remounta.

— Lout, sès dins lou putz; demoros-i.

E cric, cric,
Moun counte ès finit;
E cric, crac,
Moun counte ès acabat.
Passi per moun prat,
Ambe uno cuillèro de fabos que m'an dounat.

VII

La Gouludo

I abiò un cot un ome e uno fenno qu'abion uno fillo de dètz-e-oèit ans. Aquelo fillo ero tan gouludo que n'abiò jamai lou cat a las dansos e as galans, e que pensabo pas qu'a minja de car cruso. Un jour, soun pai e sa mai aguèron besou d'ana a Agen, al ten de la fièro del Pi.

— Gouludo, ça li diguèron, ban a la fièro a Agen. Gardo bien l'oustal, e per ta peno te pourtaren ço que boudras.

— Pourtas-me de car cruso.

Lou pai e la mai partiron per la fièro, e quan aguèron fèit sous afas, courguèron toutz lous bouchès de la bilo per croumpa de car. Mès forço gens èron bengutz a la fièro e s'èron perbesitz de bouno ouro, de sorte que lous bouchès n'abion plus res a bendre. Lou sourèl coumençabo de baicha, e lous parens de la gouludo tournèron prene lou cami de soun bilatge.

— Coumo faran? ça disiòn en marchan. Abèn proumes de car cruso a la gouludo, e n'abèn troubat che nat bouchè de la bilo d'Agen!

Alors la fenno diguèt a l'ome :

— Fa nèit; entren dins aquel cementèri oun an enterrat un mort aqueste mati. Desterren-lou, coupen-ne un bouci e pourten-lou a la gouludo.

Toutz dus entrèron dins lou cementèri, desterrèron lou mort, li coupèron la cambo gaucho, e rentrèron a l'oustal.

— Tè, gouludo, aqui la car cruso que te pourtan de la fièro.

La gouludo se jitèt sur la cambo e la rousiguèt dinqu'al darrè bouci. Aco fèit, prenguèt lou coutèl de soun pai, coupèt l'os e chuquèt la mèulo.

L'ouro benguèt de s'ana coucha ; mès penden touto la nèit entendèron uno boès que cridàbo :

— Tourno-me ma cambo ! Tourno-me ma cambo !

Lou lendouma, lou pai e la mai partisquèron de bouno ouro per ana trabailla als cans. Quan benguèt l'ouro del dejuna, se troubèt que lou pai s'abiò oublidat soun coutèl.

— Gouludo, ça diguèt, bèi-me querre moun coutèl a l'oustal.

— Gausi pas.

— Bèis-i, te disi, ou te bau fa marcha !

La gouludo partisquèt ; mès quan entrèt dins l'oustal, troubèt acrouchat a la cremaillèro de la chaminèio un mort a qui mancauo la cambo gaucho.

— Gouludo, aluco lou fèt, e fai calfa d'aigo.

La gouludo aluquèt lou fèt e fasquèt calfa d'aigo.

— Gouludo, labo-me ma cambo dreto.

La gouludo labèt la cambo dreto.

— Gouludo, labo-me ma cambo gaucho.

— Mort, n'as pas de cambo gaucho.

— Qui doun me l'a preso ?

— Zou sabi pas.

— Zou sabi jou. Toun pai e ta mai m'an desterrat e m'an coupat la cambo gaucho qu'as minjado.

Alors lou mort prenguèt la gouludo, l'empourtèt dins soun trau al cementèri, e se la minjèt.

E cric, cric,
Moun counte es finit ;
E cric, crac,
Moun counte es acabat.
Passi per moun prat,
Ambe uno cuillèro de fabos que m'an dounat.

———

VIII

La Gardairo de Piotz

I abiò un cot un rèi qu'aimabò bèlcot la sal. Aquel rèi èro beuse, e abiò tres fillos a marida. Abiò tabe un bailet abisat coumo n'i a gaire. Un jour que lou bailet èro ocupat a presti dins la fournièro, lou rèi lou benguèt trouba e li diguèt :

— Bailet, sès un ome de sen, e te boli counsulta per un afa fort secrèt.

— Mèstre, n'aimi pas lous secrètz. Se debès parla de bostre afa a un altre qu'a jou, nou m'en digues pas un mot. Creias qu'acò es jou que bous èi trahit, e me cassaiòs de che bous.

— N'en parlarèi qu'a tu.

— Alors escouti.

— Bailet, èi tres fillos a marida; sèi bièl, e boli plus èstre rèi. Quan auras finit de presti, aniras querre lou noutari. Me boli redui en uno pensiou, e partatja moun be entre mas tres fillos.

— Mèstre, a bostro plaço faioi pas acò.

— Perqué, bailet?

— Mèstre, lou qui n'a plus res es pla biste mespresat. A bostro plaço, gardaioi ma tèrro e doutaioi mas fillos rasounablomen lou jour de lour maridatge.

— Bailet, mas fillos m'aimon; nou cregni res.

— Mèstre, metès-las a l'esprobo aban de bous decida.

Lou rèi remountèt dins sa crampo, e coumandèt que fasquèsson beni sas tres fillos.

— M'aimos? ça diguèt a l'ainado.

— Moun pai, bous aimi mai que tout au mounde.

— Bièn. E tu, ma cadèto, m'aimos?

— Moun pai, bous aimi mai que tout au mounde.

— Bien. E tu, ma darrèro, m'aimos?

— Moun pai, bous aimi tan coumo bous aimas la sal.

— Mechanto lengo ! Insultos toun pai. Rintro dins ta crampo, e atens-i qu'agi decidat ço que cal fa de tu.

La fillo darrèro rintrèt dins sa crampo; alors sas diòs sos ainados diguèron a soun pai :

— Nostro so bous a insultat : merito la mort.

— Mourira ; mès bous autros m'aimas, e tardarés pas a recèbre bostro recoumpenso; attendès-me aci.

Lou rèi debalèt a la fournièro d'un lou bailet prestissiò toutjour, e li countèt ço que beniò de se passa.

— Mèstre, las paraulos soun de femèlos ; mès las actious soun de mascles. Bostro esprobo n'es pas bouno, e a bostro plaço jutjaioi mas fillos sur ço qu'an fèit, e noun pas sur ço qu'an dit.

— Taiso-te, bailet, sabes pas ço que dises. Taiso-te, ou t'assoumi de cotz de bastou !

Quan lou bailet bit lou rèi brandi soun bastou, fasquèt en semblan de cambia d'abis.

— E be, mèstre, èi tort, e parlas coumo un libre. Fasès a bostro boulentat. Bau ana cerca lou noutari, e boli serbi de bourrèu a bostro darrèro fillo. La menarèi dins un bos, la tiarèi, e bous pourtarèi sa lengo.

— Beses be, bailet, que sès de moun abis. Bèi d'abor quèrre lou noutari.

Lou bailet anguèt quèrre lou noutari, e lou rèi maridèt sas fillos sul cot, en dounan la mitat de sa tèrro a caduno d'elos.

— Noutari, ça diguèt, me resèrbi, penden touto ma bito, d'ana cado an biure siès mesis che ma fillo ainado, e siès mesis che ma cadèto. Nou manques pas d'escriure aco sur toun papèl.

Lou noutari èro uno grando canaillo, que fusquèt coundannat, la mèmo annado, a las galèros per lou restan de sa bito. Abiò recebut al sarrat d'argen de las duos fillos ainados, e n'escribèt pas sur soun papèl ço que lou rèi s'èro reserbat.

— Mèstre, ça diguèt lou bailet, Diu bolgue que ço qu'es fèit siosque bièn fèit. Aro bau mena bostro fillo dins lou bos per lou fa passa lou goust del pa e bous pourta sa lengo.

— Bèi s-i, bailet; quan saras tournat, te recoumpensarèi.

Lou bailet anèt quèrre uno cadeno e la passèt al col de la pauro fillo. Aco fèit, prenguèt soun sabre e estiflèt sa cagno.

— Anen, insoulento ! anen, malurouso ! n'as pas lounten a biure. Recoumando toun amo a Diu, a la sento Bièrges e as sentz !

Atal cridabo lou bailet tan qu'èro a pourtado d'èstre entendut pel rèi; mès dins lou bos fusquèt un autre afa.

— Doumaisèlo, n'agetz pas pòu. Èi fèit tout açò per bous sauba del bourreu. Bostros camisos e bostros mai bèlos hardos soun dins ma biasso. I èi metut tabe d'abillomens de paisanto que bas bouta tout de suito. Aban de me louga coumo bailet che bostre pai, èi serbit dins lou castèl d'un autre rèi. Sa fenno me refusara pas de bous prene coumo gardairo de piotz, e aqui sarès bièn sarrado.

En effèt, lou bailet menèt la fillo del rèi en aquel castèl. La rèino la prenguèt a soun serbici coumo gardairo de piotz, e li dounèt soun lotjomen dins uno crampeto debat un escalè. Aco fèit, lou bailet tournèt che soun mèstre; mès en trabersan lou bos, tirèt soun sabre, tièt sa cagno e li derreguèt la lengo.

— Mèstre, èi tiat bostro fillo e bous porti sa lengo.

— Bailet, sèi counten de tu. Aqui cen louis d'or per ta peno.

— Cen louis d'or, mèstre, acò n'es pas prou per aquel trabal.

— E be, aqui ne cen autres.

— E bous, madamos, me dounarés res per abé tiat pas bostro so e bous abé pourtat sa lengo?

— Bailet, te dounaren caduno tan coumo nostre pai.

— Mercio, mèstre. Mercio, madamos.

Lou lendouma d'aquel afa, las diòs fillos ainados prenguèron caduno soun marit, e s'en anguèron trouba lou rèi.

— Pai, nou sès plus aci che bous. La pourtiou dreto del castèl aparten a l'ainado, e la gaucho à la cadèto; anas-bous en oun boudrés.

— Mechantos fillos, me pagas bièn mal de tout lou be que bous èi fèit. M'en boli pas ana. Lou papèl del noutari me douno lou dret, penden touto ma bito, d'ana biure siès mesis che ma fillo ainado, e siès mesis che la cadèto.

— Parlo papè; caro-te lengo. Lou noutari n'a pas escriut acò.

— Lou noutari es tan canaillo coumo bous.

— Anen! lèste! anas-bous-en, ou garo lous cas!

Lou paure rèi sourtisquèt del castèl : sul pas de la porto rencountrèt lou bailet.

— Ount anas, mèstre?

— M'en bau a la boulountat de Diu. Aquel castèl n'es plus men, e mas fillos e mous gendres m'en an cassat. Perqué m'as tan mal counseillat quan boulioi partatja ma tèrro entre mas fillos?

— Mèstre, bous èi dit : « Esproubas-los. » Abès cresut las paraulos que soun de femèlos, quan las actious soun de mascles, e abès agit a bostre cat. Mès lou qu'es fèit es fèit, e lou regrèt nou serbis de res. Atendès-me aqui un moumen; ban parti ensemble. Boli toutjour èstre bostre bailet.

— Damoro aci, per toun be. N'èi plus de que te paga e te nourri.

— Bous serbirèi per res, e èi de que biure per nous autres dus.

— Coumo boudras.

Lou bailet intrèt dins lou castèl, e tournèt un moumen, e après ambe uno biasso pleno sur l'esquino.

— Anen, parten!

Al cat de sèt jours de marcho, arribèron dins un pais oun troubèron en bendo uno pitchouno bordo, ambe un oustal de mèstre. Lou bailet la croumpèt, e la paguèt countan ambe lous louis d'or qu'abiò recebut per sa peno, quan cresiòn qu'abiò fèit mouri la darrèro fillo del rèi.

— Mèstre, aquelo pitchouno bordo es bostro. Bebès, minjas e proumenas-bous, penden que traballarèi lous cans e las bignos.

— Mercio, bailet. I a forço mèstres que te balen pas.

Penden que tout acò se passabo, la darrèro fillo, que soun pai cresiò morto, damourabo toutjour, coumo gardairo de piotz, dins lou castèl del rèi oun lou bailet l'abiò plaçado. Aquel rèi abiò un fil tan fort, tan hardit e tan bèl gouiat, que toutos las fillos del pais ne toumbabon amourousos. La gardairo de piotz ne toumbèt amourouso coumo las autros ; mès el fasiò nado atentiou a elo.

— Mal apres, ça pensabo souben, te fourçarèi be a fa atentiou à jou!

Lou ten del carnabal arribèt, e cado sero, après soupa, lou fil del rèi s'abillabo de nèu e mountabo a chibal per s'en ana dansa dinqu'al lendouma mati, dins lous castèls del besinatge. Que fasquèt la gardairo de piotz? Penden la beillado se diguèt malauso, e fasquèt en semblan de s'ana coucha. Mès debalèt al sarrat a l'escuderio, selèt e bridèt un chibal, e li dounèt double picouti de sibado. Après tournèt mounta dins sa crampo, e oubrisquèt la biasso ount èron las hardos qu'abiò rapourtados de che soun pai. Aco fèit, se peignèt ambe un peigne d'or, se caussèt de debas blans e de pitchous souliès de marrouqui de Flandre, se metèt uno bèlo raubo coulou del cièl, redebalèt a l'escuderio, sautèt sul chibal e partisquèt al gran galot pel castèl oun lou fil del rèi s'en èro anat dansa.

Quan intrèt dins lou bal, lous jougaires de biolo e de biulou s'arrestèron de jouga, lous dansaires de dansa, e toutz lous embitatz dision :

— Quin'es aquelo bèlo doumaisèlo?

Enfi, lous jougaires de biolo et de biulou recoumencèron sas musicos, e lou fil del rèi prenguèt la jouino fillo per la ma per la mena a la danso. Mès al prumè cot de mèjo nèit, daichèt soun dansaire en plan, resautèt sur soun chibal, e tournèt parti al galot. Lou lendouma s'en anèt garda lous piotz coumo de coustumo, e lou fil del rèi que la rencountrèt en ana a la casso se pensèt :

— Acò es estounan coumo aquelo jouino paisanto semblo a la bèlo doumaisèlo qu'èi bisto al bal aquesto nèit.

Lou sero mèmo, après soupa, s'abillèt de nèu, mountèt a chibal, e partisquèt enquèro per lou bal. Que fasquèt alors la gardairo de piotz? Penden la beillado se diguèt malauso, e fasquèt en semblan de s'ana coucha. Mès debalèt al sarrat a l'escuderio, selèt e bridèt un chibal e li dounèt double picouti de sibado. Après tournèt mounta dins sa crampo, e oubrisquèt la biasso ount èron las hardos qu'abiò rapourtados de che soun pai. Aco fèit, se peignèt ambe un peigne d'or, se caussèt de debas blans e de pitchous souliès de marrouqui de Flandre, se metèt uno raubo coulou de la luno, redebalèt a l'escuderio, sautèt sul chibal, e partit al gran galot pel castèl oun lou fil del rèi s'en èro anat dansa.

Quan intrèt dins lou bal, lous jougaires de biolo et de biulou s'arrestèron de jouga, lous dansaires de dansa, e toutz lous embitatz disiòn :

— Quin'es aquelo bèlo doumaisèlo?

Enfi, lous jougaires de biolo e de biulou recoumencèron sas musicos, e lou fil del rèi prenguèt la jouino fillo per la ma per la mena a la danso. Mès al prumè cot de mèjo nèit, daichèt soun dansaire en plan, resautèt sur soun chibal, e tournèt parti al galot. Lou lendouma, s'en anguèt garda lous piotz coumo de coustumo, e lou fil dou rèi que la rencountrèt, en ana a la casso, se pensèt :

— Acò es estounan, coumo aquelo jouino paisanto semblo a la bèlo doumaisèlo qu'èi bisto al bal aquesto nèit.

Lou sero mèmo, après soupa, s'abillèt de nèu, e partisquèt enquèro pel bal. Que fasquèt la gardairo de piotz? Penden la beillado, se diguèt malauso, e fasquèt en semblan de s'ana coucha. Mès debalèt al sarrat a l'escuderio, selèt e bridèt un chibal, e li dounèt double picouti de sibado. Après tournèt mounta dins sa crampo, e oubrisquèt la biasso ount èron las hardos qu'abiò rapourtados de chez soun pai. Aco fèit, se peignèt ambe un peigne d'or, se caussèt de debas blans c de pitchous souliès de marrouqui de Flandre, metèt uno raubo coulou del sourèl, redebalèt a l'escuderio, sautèt sul chibal, e partisquèt al galot per lou castèl oun lou fil del rèi s'en èro anat dansa.

Quan intrèt dins lou bal, lous jougaires de biolo et de biulou s'arrestèron de jouga, lous dansaires de dansa, e toutz lous embitatz disiòn :

— Quin'es aquelo bèlo doumaisèlo ?

Enfi, lous jougaires de biolo e de biulou recoumencèron sas musicos, e lou fil del rèi prenguèt la jouino fillo per la ma per la mena a la danso. Al prumè cot de mèjo nèit, la jouino fillo daichèt soun dansaire en plan, resautèt sur soun chibal, e tournèt parti al galot. Mès aqueste cot, en s'escapan, se perdèt dins lou bal soun pitchou souliè rouge del pè dret.

Dunpèi lou prumé jour oun la jouino fillo abiò pariscut dins lou bal, lou fil del rèi n'èro toumbat talomen amourous, que n'abiò perdut lou minja e lou beure. Amassèt lou pitchou souliè rouge e lou fasquèt assaja a los doumaisèlos del bal ; mès toutos abiòn lou pè trot gran per lou caussa. Alors, se metèt aquel pitchou souliè rouge dins sa pocho e s'en tournèt al castèl de soun pai.

— Pai, sèi toumbat amourous d'uno jouino fillo que s'a perdut aquel pitchou souliè rouge dins lou bal ; se me la dounas pas en maridatge, sares causo d'un gran malur. M'en anirèi lèn, bièn lèn, me rendre mounge dins un pais d'oun nou tournarèi jamai.

— Moun fil, nou boli pas que te rendes mounge. Dis-me oun aquelo jouino fillo damoro, e mounteren tous dus a chibal, per ana la demanda en maridatge a soun pai.

— Moun pai, sabi pas ount es que damoro.

— E be, bai-me cerca lou tambour de la coumuno.

Lou fil del rèi partisquèt e tournèt ambe lou tambour.

— Tambour, aqui cen pistolos. Bai crida pertout que la doumaisèlo que poudra caussa aquel pitchou souliè rouge sara la fenno de moun fil.

Lou tambour partisquèt, e cridèt pertout, coumo n'abiò recebut l'orde. Penden tres jours, lou castèl del rèi estèt ple de doumaisèlos que beniòn per assaja lou pitchou souliè rouge. Mès nado nou pousquèt lou caussa. La gardairo de piotz las regardàbo fa e risiò de tout soun co.

— A toun tour, gardairo de piotz, ça diguèt lou fil del rèi.

— N'i pensas pas, moussu. Sèi pas qu'une pauro pitchouno paisanto : coumo boulès que fasque ço que n'an pas pouscut fa toutos aquelos bèlos doumaisèlos ?

— Anen, anen, ça cridabon las doumaisèlos, fasès aproucha aquelo insoulento que se trufabo de nous autros toutaro; e se pot pas caussa lou pitchou souliè rouge, que siosque fouitado dinqu'al san.

La gardairo de piotz s'aprouchèt, en fa en semblan d'abe pòu e de ploura. Al prumè cot caussèt lou pitchou souliè rouge.

— Aro, ça diguèt, atendès-me toutz aci.

S'en anguèt embarra dins sa crampo, e tournèt un moumen après, caussado de rouge des dus pès, e bestido de sa raubo coulou dél sourèl.

— Mio, ça diguèt lou rèi, cal qu'espouses moun fil.

— L'espousarèi quan aura lou counsentomen de moun pai. Eu atendan, boli toutjour garda bostres piotz.

Alors, lou rèi e soun fil se troubèron bièn embarrassatz.

Penden que tout aco se passabo, l'autre rèi, cassat per sas fillos, damourabo toutjour, ambe soun bailet, sur sa pitchouno bordo, e disiò souben :

— Mas diòs fillos ainados soun de carognos, e mous dus gendres de mechans sutjètz. S'abioi ma darrèro mainado ambe jou, nou saioi pas tan triste. Me tendriò coumpagnio, tout en me filan de camisos e en petassan mous abillomens. Bailet, perque l'as tiado e m'as pourtat sa lengo ?

8

— Mèstre, aco es bous que me zou abès coumandat.

— Alors, bailet, èi agut tort de te zou coumanda, e as agut tort de m'obei.

— N'èi pas agut tort, pramo que nou bous èi pas aubeit. Bostro darrèro fillo n'es pas morto. L'èi plaçado dins lou castèl d'un autre rèi, coumo gardairo de piotz, e ço qu'abès pres per sa lengo, èro la lengo de ma cagno.

— Tan millou, bailet. Ban parti sul cot per mena la pauroto aci.

Partisquèron toutz dus sul cot, e sèt jours après arribèron al castèl del rèi.

— Bounjour, rèi.

— Bounjour, mous amitz. Que i a per bostre serbici?

— Rèi, sèi estat rèi jou mèmo, e abioi un castèl tan bèl coumo lou teu. Mas dios fillos ainados m'en an cassat, e ma darrèro es che tu coumo gardairo de piotz. Cal que me la tournes.

— Moun amit, podi pas. Moun fil es toumbat amourous de ta fillo, al pun que n'a perdut lou minja e lou beure. Te la demandi en maridatge per el.

— Rèi, fai beni ma fillo per que parle libromen. La boli pas marida per forço.

Anguèron quèrre la gardairo de piotz.

— Bounjour, papai e la coumpagnio.

— Bonjour, ma fillo. Parlo libromen. Bos espousa aquel gouiat?

Lou paure gouiat èro blan coumo de farino, e tramblabo coumo la cùio d'uno baco.

— Papai, espousaioi aquel gouiat preferablomen a tout autre. Mès boli aban que soun pai e el bous adujen a reprene lou castèl d'oun bous an cassat mas sos ainados.

Alors lou rèi e soun fil fasquèron assembla sul cot lous omes del pais, e lous armèron de sabres e de fusils. Tout aquel mounde se metét en cami penden la nèit, e se rendèt

mèstre del castèl de las sos ainados, que s'atendiòn pas a res.
Aquelos duos fennos estèron penjados ambe sous maritz, e sous còs n'estèron pas pourtatz en terro sènto. Lous abandounèron dins un can, e lous cas, las agraulos e las agassos lous rousiguèron dinqu'as ossis.

Aqui lou qu'estèt fèit. Alors lou rèi diguèt al pai de la gardairo de piotz :

— Moun amit, repren toun castèl, e tourno rèi coumo bèl tens a. Aro cal sounja a la noço de moun fil e de ta fillo.

Jamai las gens del pais nou beguèron uno tan bèlo noço. Cen foudres de bi bièl estèron mes en parço ; tièn sabi pas quantis bedèls e moutous, e penden tres jours e tres nèitz, cen fennos estèron emplegados a pluma lous piotz, lous capous, e lous guitz. Minjabo e bebiò qui bouliò. Lou bailet, tout habillat de nèu e lusen coumo un calici, se teniò darrè la carièro de la nôbio e la daichabo pas manqua de res.

— Bailet, ça li diguèt soun mèstre, aco es per lou darrè cot que serbisses en taulo. Te boli marida anèit mèmo.

— Mèstre, sès pla houneste.

— Bailet, manquan pas aci de poulidos fillos a marida. Causis la que boudras.

Lou bailet causisquèt uno fillo poulido coumo lou jour, e saijo coumo un imatge.

— Mèstre, aqui ma fenno.

— Bailet, la boli embrassa. Aro metès-bous en taulo ambe nous autres, e nou bous daichas manqua de res. Lou curè bous maridera douma mati. Boli èstre pairi, e ma fillo sara mairino.

    E cric, cric,
   Moun counte es finit ;
    E cric, crac,
   Moun counte es acabat.
   Passi per moun prat,
Ambe uno cuillèro de fabos que m'an dounat.

RECITZ

I

La fenno mechanto

Lou qui cèrco a se marida cour la chanso de grans malurs. I a de fillos mechantos; n'i a de desbauchados; n'i a qu'aimon la boutèillo. Lou galan pot fa ço que boudra, prene renseignomens, e tacha de beire per el mèmo : acò nou lou serbis souben de res. Tan que lou curè n'a pas parlat, las fillos sarron sous bicis; mès après acò es un autre afa. Diu bous presèrbe d'aquel dangè, mès que bous garde surtout d'espousa uno fenno mechanto. Nou bous serbiò de res de la rasouna ou de la batre. Perdrés bostro peno, e la carogno saiò capablo de bous empouisouna. Baldriò mai per bous biure dins la coumpagnio de Lucifer e de sous diables.

Un ome abiò agut lou triste sort de toumba sur uno d'aquelos mechantos fillos. Lou sero mèmo de la noço, fasquèt un sabat d'infer, e penden dètz ans acò recoumençabo bint cotz per jour. L'ome èro fort coumo Sansoun, patien coumo un anjou, e se disiò en el mèmo :

— Se bati aquelo malhurouso, sèi capable de l'estroupia, e belèu de la tia, sans zou boule fa. Jamai lous jutges nou pouiòn creire tout ço qu'èi souffèrt e coumandaiòn de me fa mouri. Acò saiò un gran afroun per la famillo. Millou bal fa coumo aban, e ofri mas penos al Boun Diu.

La fenno que besiò que soun ome respoundiò jamai a sas insultos, e n'abiò pas l'aire de prene gardo a sas maliços, benguèt enquèro mai mechanto.

— Ah ! es atal, se pensèt. E be ! beiran aqueste sero.

Lou sero l'ome tournèt de soun can, las e afamat.

— As trempat las soupos, ma fenno ?

— Nou, ibrogno, boulur, mechant sutjèt. Sèi lasso de serbi un res que baillo coumo tu. Fai ta cousino se bos.

Lou paure ome respoundèt res. Anguèt coupa de cauletz al casal, aluquèt lou fèt e fasquèt las soupos. Mès coumo èro prèst a las trempa, sa fenno coupèt l'oulo d'un cot de ferrasso.

— Ma fenno, per que as coupat l'oulo?

— Aco m'a plasut, peuillous !

— Te defendi de m'appela peuillous.

— Peuillous ! peuillous !

— Se zou tournes dire, te nègui dins lou clot.

— Peuillous ! peuillous ! peuillous !

L'ome prenguèt sa fenno, la pourtèt dins lou clot, e li fasquèt intra dinqu'a mèjo cambo.

— Peuillous !

L'ome plounjèt sa fenno dins l'aigo dinqu'a la cinturo.

— Peuillous ! peuillous !

L'ome plounjèt sa fenno dins l'aigo dinqu'al mentou.

— Peuillous ! peuillous ! peuillous !

L'ome plounjèt dins l'aigo tout lou cat de sa fenno. Mès aquesto lèbabo sas mas en l'aire et fretabo sous pouces l'un countro l'autre, coumo qui esclafo de peus. Alabés l'ome conmprenguèt qu'acò serbissiò de res, e ramenèt sa fenno al bor del clot.

— Aquelo litçou es perdudo, ça pensèt, e perdroi moun tens a la tourna coumença. Ma fenno es nascudo mechanto, e mechanto mourira.

II

L'Abugle

I abiò un cot un abugle fort riche, e qu'abiò uno fillo a marida. Aquel abugle èro un ome fort abisat, e quan un galan li demandabo sa fillo en maridatge, respoundiò :

— Dounas la sibado a moun bidet, e metès-li la brido e la sèlo. Boli ana beire se lous cans d'aquel gouiat soun bous.

— Mès, paure ome, sètz abugle. Coumo zou beirés?

— Zou beirèi be.

Arribat dins lous cans del galant, l'abugle descendiò de soun bidet, e disiò :

— Estacas ma bestio en un pè de geule.

— N'i a pas de geule dins aquels cans; n'i a que de feuguèro.

Alabés l'abugle remountabo sur soun bidet e disiò :

— Boli pas enquèro marida ma fillo.

Penden tres ans, fasquèt e parlèt de mèmo. Mès un jour un galan li respoundèt :

— Acò es fèit. Bostre bidet es estacat en un geule.

—Fai-me touca lou geule e la brido. Boli sabe se moun bidet es bièn estacat.

L'abugle touquèt la brido e la planto, e comprenḍèt a l'audou de las feillos que soun bidet èro beritablomen estacat en un geule.

— Galant, ça diguèt, auras ma fillo, e faren la noço quan boudras.

Aquel abugle abiò rasou. Bouliò marida richomen sa fillo, e abiò bis bel tens a que la feuguèro pousso dins las mechantos tèrros, e lou geule dins las bounos.

III

Lou mechant ome

On sat pas de qui on aura besou, ni a quino foun on beura.

I abiò un cot dins la bilo d'Agen, un ome paure coumo un furet, feniant como un ca, e insoulent coumo lou bailet del bourrèu. Al countrari, lou frai d'aquel ome abiò croumpat, proche de Nerac, per mai de trento milo frans de tèrro. Trabaillabo coumo un galerièn, e jamai nou l'abiòn entendut dire countro digun uno mechânto paraulo. La canaillo meritaiò de mouri e las brabos gens de biure. Es pourtan lou countrari qu'arribo. Lou brabe frai mourisquèt sans s'èstre maridat, e lou curè de sa paroèsso fasquèt dire al mechant ome d'Agen de beni a l'entèrromen.

Lou mechant ome partisquèt, e marchèt tres ouros sans s'arresta, dinqu'al cat d'uno costo, oun i abiò uno foun al bor del cami. Aqui beguèt a sa set, e après pichèt e caguèt dins la foun.

— Mechant sutjèt! ça li diguèt un ome que trabaillabo tout proche d'aqui dins soun can. As pas bergougno de souilla atal aquelo foun que soun aigo serbis a tout lou mounde?

— Taiso-te, fat; moun frai ben de mouri, e qu'eriti de mai de trento milo frans de tèrro. Aro, èi de que, penden touto ma bito, beure de bi e minja de pa blan, ambe un capou roustit a dinna, e dus pans de saucisso a soupa. Nou beurèi plus en aquelo foun.

Lou mechant ome reprenguèt soun cami, e arribèt al bilatge oun anabon enterra soun frai.

— Noutari, acò es jou què sèi l'heiretò.

— Nou sès pas tu. Aqui lou testoment del mort, que daicho tout soun be als paures de la paroèsso.

— Moun frai èro uno canaillo.

— Acò ès tu que sès uno canaillo, ça diguèron las gens qu'èron bengutz per l'entèrromen. Sès arribat aci per fa d'escandalo e insulta un mort. Filo, asta lèu per toun pais, ou estiflan lous cas per te fa un brin de counduito.

Lou mechant ome tournèt parti al gran galot, sans minja ni beure. Quan arribèt proche de la foun, èro rendut e tirabo un pan de lengo.

— Moun amit, ça diguèt a l'ome que traballlàbo dins soun can, aquelo foun es souillado. Enseigno m'en uno autro. Crèbi de set.

— Mechant sutjèt, ès tu qu'as souillat la foun, e t'en ensegnarèi pas d'autro. Beu d'aquelo se bos.

Lou mechant ome fusquèt fourçat de beure de l'aigo qu'abiò souillado.

On sat pas de qui on aura besou, ni a quino foun on beura.

IV

Lous dus presens

Henri Quatre èro un rèi haut d'uno toèso, gros en proupourtiou, fort coumo un bèu, e hardit coumo un Cesar. Fasiò bèlcot d'aumoinos e n'aimabo pas lous entrigans. Aban d'ana s'establi a Paris, aquel rèi damourabo a Nerac, e abiò toutjour proche d'èl soun amit Roquolauro, qu'èro l'ome lou mai farçur d'aquel ten.

Un jour que Henri Quatre e Roquolauro jougabon a las cartos après dinna, besquèron intra dins la crampo un paisan que pourtabo sur soun cat uno coujo tan grosso que n'an jamai bist ni ne beiran de parèillo.

— Bounjour, moun prince e la coumpagnio.

— Bounjour, moun amit. Que benes fa açi ambe ta coujo?

— Moun prince, bous beni pourta aquel presen. La soupo de coujo e de mounjetos frescos es uno fort bouno causo; mès nou manqués pas de recoumanda a bostro cousinèro de counserba las granos. N'en dounarés a toutz bostres amitz e counechensos, e bendrèi jou-mèmo n'en quèrre per l'annado que ben.

— Mercio, moun amit; bai-t'en minja un mos e beure un cot a la cousino.

— Ambe plasé, moun prince.

Lou paisan debalèt à la cousino, oun lou daichèron pas manca ni de pa, ni de bi, ni de car.

Penden que bebiò e que minjabo, Henri Quatre diguèt a Roquolauro :

— Roquolauro, aquel paisan m'a l'aire d'un brabe ome, e cresi que m'a pourtat sa coujo de boun co. Que pouioi li douna?

— Moun prince, metès-lou a l'esprobo, e se bous a pas

pourtat un èu per abe un bèu, fasès-li presen d'un bèl chibal.

— Roquolauro, as rasou.

Quan lou paisan aguèt minjat a sa talen e begut à sa set, tournèt per saluda lou rèi aban de parti.

— Moun amit, que demandos per ta recoumpenso?

— Moun prince, bous demandi de nou pas oublida de me fa garda de granos de coujo, per me manteni en bèlo semenço.

Alors Henri Quatre coumandèt que dounèssen un bèl chibal al paisan, que rentrèt chez el fort countent.

Aquel paisan èro bourdilè de Moussu de Cachopeu, un noble glourious coumo un paoun, e abare coumo un juif. Quan Moussu de Cachopeu bisquèt que soun bourdilè èro estat ta pla recoumpensat per uno coujo, se pensèt :

— Douma, anirèi trouba Henri Quatre, e li farei presen de moun plus bèl chibal. Pel mens me fara marquis, e me dounara un barril ple de doubles louis d'or.

En effèt, lou lendouma mati, Moussu de Cachopeu descendèt dins soun escuderio, causisquèt soun plus bèl chibal, partisquèt per la bilo de Nerac, e troubèt Henri Quatre e Roquolauro que jougabon a las cartos après dinna.

— Bounjour, moun prince e la coumpagnio.

— Bounjour, moun amit. Que i a per toun serbici?

— Moun prince, sèi Moussu de Cachopeu, e èi après qu'abiòs dounat un bèl chibal à moun bourdilè, que bous abiò fèit presen d'uno coujo. Bous ameni uno autro bèstio per remplaça la que n'abès plus.

— Merci, moun amit. E ount es aquelo bèstio?

— Moun prince, l'èi daichado là-bas a l'escuderio.

— E be ! moun amit, la boli ana beire. Passo daban ; jou e Roquolauro te ratrapan dins cinq minutos.

Moussu de Cachopeu debalèt a l'escuderio. Alabés Henri Quatre diguèt :

— Roquolauro, aquel Cachopeu ma l'aire d'un bièn brabe

ome, e cresi que m'a menat soun chibal de boun co. Que pouioi li douna ?

— Moun prince, boutas-lou a l'esprobo, e se bous a pas dounat un èu per abé un bèu, dounas li sèt bordos e un gran poudé dins tout lou pais.

— Roquolauro, as rasou.

Henri quatre e Roquolauro debalèn a l'escuderio.

— Moun prince, aqui lou chibal.

— Moun amit, n'èi bist jamai nat de tant bèl. Que demandos per recoumpenso ?

— Moun prince, bous demandi per lou mens de me fa marquis, e de me douna un barril ple de doubles louis d'or.

— Moun amit, te boli douna millou qu'acò. Bèno ambe jou a la cousino.

Roquolauro e Moussu de Cachopèu seguiron Henri Quatre.

— Cousinèro, as gardat las granos de la grosso coujo qu'un paisan m'a pourtat hier ?

— Oui, moun prince.

— E be ! ramplis-ne dus cournetz de papèl. Un sara per Cachopèu, e l'autre per soun bourdilè.

V

Lou curè abisat

Las gens nou se metran jamai toutz d'accord sur uno mèmo causo.

I abiò un cot un curè tan fi e tan abisat, que digun n'abiò jamai pouscut lou susprene a mal fa ni a mal dire. Lous marguillès de sa paroèsso benguèron lou trouba un dimeche mati a la sacristio.

— Bounjour, moussu curè.

— Bounjour, mous amitz. Que i a per bostre serbici ?

— Moussu curè, la secaresso ruino nostros recoltos. Bous benguèn prega de fa plèure.

— Mous amitz, res de mai facile. Sabi uno prièro que fai plèure lou jour mèmo, se tout lou mounde es d'accor. Toutaro, a la fi del prono, counsultarèi lou puple.

— Mercio, moussu curè.

— A bostre serbici, mous amitz.

Lous marguillès rentrèron dins la glèiso e lou curè coumencèt la mèsso. Quan lou moumen del prono fusquèt bengut, mountèt en chèro e diguèt :

— Mous frais, lous marguillès de la paroèsso soun bengutz me trouba toutaro a la sacristio, e se soun plagnutz de la secaresso que ruino bostros récoltos. M'an pregat de fa plèure, e sabi uno prièro que manquo pas jamai soun cot, mès que tout lou mounde siosque d'accor per causi lou jour. Boulès que fasqui plèure anèit ?

— Nâni, moussu curè, respoundèron lous gouiatz de la paroèsso. Boulen nous ana proumena aqueste sero après brèspos.

— Boulès que fasqui plèure douma ?

— Nâni, moussu curè, respoundèron tres ou quatre fennos ;

abèn fèit la bugado, e nou boulèn la plèjo que quan nostro linge sera sec.

— Boulès que fasqui plèure dimars?

— Nâni, moussu curè, respoundèron las jouinos fillos; boulèn ana à la fièro aquel jour.

— Boulès que fasqui plèure dimècres?

— Nâni, moussu curè, respoundèt uno troupo de daillaires; abèn a coupa de trèflo aquel jour.

— Boulès que fasqui plèure ditjaus?

— Nâni, moussu curè, respoundèron lous mainatges; aquel jour i a pas escolo, e boulèn esta libres d'ana courre.

— Boulès que fasqui plèure dibendres?

— Nâni, moussu curè, respoundèt lou teulè; mous teules soun enquèro deforo, e nou lous podi enfourna que dissabte.

— Boulès que fasqui plèure dissabte?

— Nâni, moussu curè, respoundèt lou mèro. Èi besou d'ana en campagno aquel jour.

— Mous frais, bous zou èi dit, ma prièro n'a de bertut que se tout lou mounde es d'accor sul jour oun diurèi fa plèure. En attendan que siosques toutz del mèmo abis, daichas fa lou Boun Diu.

SUPERSTITIOUS

I

L'ome a las dens roujos

I abiò un cot un ome e une fenno qu'abiòn tres mainatges, uno fillo e dus drolles. Quan la fillo estèt grando, soun pai e sa mai la boulguèron marida; mès elo n'escoutabo nat galan, e toutjour disiò :

— Boli per marit un home qu'auge las dens roujos.

Lou pai e la mai fasquèron tambourina pertout la boulountat de sa fillo, e atendèron penden sèt ans. Alors un ome qu'abiò las dens roujos se presentèt dins soun oustal.

— Aqui l'ome que me cal, ça diguèt la fillo.

Lous maridèron sans tarda; lou lendouma de la noço, l'ome a las dens roujos se lebèt de bouno houro, debalèt a l'escuderio, dounèt la sibado al chibal, li metèt la brido e la sèlo, e partit al gran galot sans que pousquèssen beire ount anabo. Tournèt pas à l'oustal qu'a bor de nèit.

— D'oun benes, moun ome? ça diguèt la fenno.

L'ome a las dens roujos respoundèt pas.

Lou lendouma, l'ome a las dens roujos se lebèt de bouno ouro, debalèt a l'escuderio, dounèt la sibado a soun chibal, li metèt la brido et la sèlo, e partit al gran galot sans que pousquèssen beire ount anabo.

Alors la fenno diguet a son pai, a sa mai et a sous dus frais :

— Besès ço que se passo. Moun ome par lou mati de bouno houro e rentro pas qu'a bor de nèit. Quan li demandi d'oun ben, respoun pas. Belèu s'en ba beire quauco ancièno mestresso. Acò se pot pas passa atal.

— Siosques tranquillo, ma so, ça diguèt lou frai ainat. Douma demandarèi a toun ome de me prene en courpo, e te dirèi ount es que ba.

L'ome a las dens roujos tournèt à l'oustal a bor de nèit. Lou lendouma se lebèt de bouno ouro, debalèt à l'escuderio, dounèt la sibado al chibal, e li metèt la brido e la sèlo. Alors lou frai ainat de la fenno intrèt dins l'escuderio.

— Ome a las dens roujos, ça diguèt, te boli acoumpagna dins toun bouiatge.

— Mounto en courpo, moun bèl-frai.

Lou chibal partit al gran galot a trabès lous bos. A mèi jour, s'arrestèt en un endret oun coulàbo uno foun d'argen.

— Moun bèl-frai, ça diguèt l'ome a las dens roujos, debalén de chibal per beure en aquelo foun.

Debalèn tous dus : mès a peno lou bèl-frai aguèt begut tan si pu de l'aigo que coulàbo de la foun, s'endroumit al pè d'un casse dinqu'al sourèl couchat. Alors l'ome a las dens roujos lou rebeillèt.

— Moun bèl-frai, as droumit lounten. Es trot tard per countinua nostre bouiatge. Tournen-nous-en a l'oustal.

Tous dus tournèron mounta a chibal, e a mèjo nèit èron tournatz a l'oustal.

L'ome a las dens roujos se metèt al lièit e s'endroumit. Alors sa fenno se lebèt douçomen, douçomen, e s'en anguèt dins la crampo del frai ainat.

— E be ! moun frai, oun sès anatz ?

— Aben galoupat dins lous bosques penden tres ouros. Alors sèn debalatz de chibal, dins un endret oun coulàbo uno foun d'argen. Èi boulgut beure tan si pu d'aigo, e me sèi endourmit al pè d'un aure dinqu'al sourèl couchat. Alors toun ome m'a rebeillat, e sèn tournatz a l'oustal, mès m'a pas dit ço qu'abiò fèit dinqu'al sourèl couchat.

— Tourno-te coucha, ma so, e dron tranquillo. Douma acoumpagnarèi enquèro toun marit, e nou beurèi pas de l'aigo que coulo de la foun d'argen.

Lou lendouma, l'ome a las dens roujos se lebèt de bouno houro, debalèt a l'escuderio, dounèt la sibado a soun chibal, li metèt la brido e la sèlo. Alors lou frai ainat de la fenno intrèt dins l'escuderio.

— Ome a las dens roujos, ça diguèt, te boli acoumpagna dins toun bouiatge.

— Mounto en courpo, moun bèl-frai.

Lou chibal partit al galot a trabès lous bosq. Al cat de tres houros s'arrestèt en un endret oun coulabo uno foun d'argen.

— Moun bèl-frai, ça diguèt l'ome a las dens roujos, debalén de chibal per beure en aquelo foun.

Debalèn tous dus; mès lou bèl-frai èro sur sas gardos e nou boulió pas beure.

— Anen, beu : aco te fara de be.

— N'èi pas set.

— E be, minjo, se bos pas beure.

L'ome à la dens roujos tirèt de soun porto-mantou uno micho de pa e un gran bouci de tessou salat. Quan lou bèl-frai aguèt minjat quaucos boucados, la set lou prenguèt, e s'aprouchèt de la foun d'argen. Mès a peno aguèt beuut tan si pu d'aigo, s'endroumit al pè d'un aure dinqu'al sourèl couchat. Alors l'home a las dens roujos lou rebeillèt.

— Moun bèl-frai, as droumit lounten. Es trot tard per countinua nostre bouiatge. Tournen-nous-en a l'oustal.

Tous dus tournèron mounta a chibal, e a mèjo nèit èron tournatz à l'oustal.

L'ome a las dens roujos se couchèt e s'endroumit. Alors sa fenno se lebèt douçomen, douçomen, e s'en anguèt dins la crampo de sous frais.

— E be! moun frai, oun sès anatz ?

— Abèn galoupat a trabès lous bos penden tres ouros. Alors sèn debalatz de chibal dins l'endret oun coulo la foun d'argen. Boulioi pas beure, mès toun ome m'a fèit minja de pa e de tessou fort salat. Après quaucos boucados, la set m'a pres e me sèi aprouchat de la foun d'argen. Mès a peno èi agut beuut tan si pu d'aigo que me sèi endroumit al pè d'un aure dinqu'al sourèl couchat. Alors toun ome m'a rebeillat e sèn tournatz a l'oustal, mès m'a pas dit ço qu'abiò fèit dinqu'al sourèl couchat. Aro èi prou d'aquels bouiatges, e n'i boli plus tourna.

Quan la fenno entendèt aco, se metèt a ploura coumo uno Madelèno; mès a toutos sas pregarios lou frai ainat respoundiò toutjour :

— Èi prou d'aquels bouiatges, e n'i boli plus tourna.

A la fin, lou frai cadèt, qu'èro fat, prenguèt pietat de sa so.

— Ma so, nou ploures plus atal toutos las larmos de tous èls. Tourno dins toun lièit e dron tranquillo. Douma acoumpagnarèi toun ome sans minja ni pa ni tessou salat, e sans beure de l'aigo que coulo de la foun d'argen.

— Tu, paure fat, boles acoumpagna moun ome ?

— Tourno dins toun lièit e dron tranquillo.

Lou lendouma, l'ome a la dens roujos se lebèt de bouno houro, debalèt a l'escuderio, dounèt la sibado a soun chibal, e li metèt la brido e la sèlo. Alors lou fat intrèt dins l'escuderio.

— Ome a las dens roujos, ça diguèt, te boli acoumpagna dins toun bouiatge.

— Mounto en courpo, fat.

Lou chibal partisquèt al gran galot a trabès lous bos; al cat de tres houros, s'arrestèt dins l'endret oun coulabo la foun d'argen.

— Fat, ça diguèt l'home a las dens roujos, debalén de chibal per beure en aquelo foun.

— N'èi pas set.

9

— Debalèn per minja un pau d'aquel pan e d'aquel tessou salat.

— N'èi pas talen.

— Debalèn au mens per nous repausa.

— Nou sèi pas las.

L'ome a las dens roujos aguèt bèl precha, lou fat nou boulguèt res entendre, e calguèt se tournâ mètre en cami. Tous dus caminèron atal dinquo en un can oun quauques homes foutjabon.

— Fat, ça diguèt l'home a las dens roujos, èi besou d'ana parla en aquels foutjaires. Ten moun chibal dinquo que siosque tournat.

— Sios tranquille, m'escapara pas.

Lou fat estaquèt lou chibal en un aure, e seguisquèt l'ome a las dens roujos sans estre bist. Al cat d'uno ouro, arribèt dins de pratz tant magres que i auiòn poudut amassa de sal; pourtan lous bèus e las bacos i èron grassis a lar.

Un pau mai lèn, aribèt dins de pratz oun i abiò d'herbo dus piès per-dessus lou cat; pourtan lous bèus e las bacos i èron magres coumo de claus.

Un pau mai lèn, arribèt dins de pratz ourdinaris, oun pechèbon de crabos que n'èron ni magros ni grassos.

Un pau mai lèn, besquèt l'ome a las dens roujos intra dins uno pitchouno glèiso e barra la porto. Lou fat regardèt per lou trau de la sarraillo, e besquèt un auta ambe un cierge pla mai cour que lous autres. Un preste disiò la messo, e l'ome a las dens roujos la serbissiò. Penden aquel ten, de boulados d'auselous arribabon dels quatre bens del cièl, e beniòn tusta countro las bitros de la pitchouno glèizo ambe sous bètz e sas alos; pourtan las frinèstos nou s'oubrissiòn pas, e las pauros petitos bestiotos damourabon toutjour deforo a tusta e a crida :

— *Riu, chiu, chiu.*

La mèsso finido, l'ome a las dens roujos fermèt lou libre

mèssal e boufèt lous cièrges. Alors lou fat prenèt la courso, e tournèt proche del chibal.

— E be ! fat, boles tourna a l'oustal ?

— Sèi a toun coumandomen.

Tous dus tournèron mounta a chibal, e arribèron a l'oustal al sourèl couchat. Penden lou soupa, lou fat countèt ço qu'abiò bist dunpèi lou moumen oun l'ome a las dens roujos li abiò dat soun chibal a garda.

— Ome a las dens roujos, parlo-nous d'aquels pratz tan magres que i auiòn pouscut amassa la sal ; pourtan lous bestials i èron grassis a lar.

— Fat, aquels pratz èron lou paradis, e aquels bestials las sentos amos.

— Ome a las dens roujos, parlo-nous des pratz oun abiò d'herbo dus piès per-dessus moun cat ; pourtan lous bestials i èron magres coumo de claus.

— Fat, aquels pratz èron l'infer, e aquels bestials las amos dannados.

— Ome a las dens roujos, parlo-nous d'aquels pratz ourdinaris, oun pechèbon de crabos que n'èron ni magros ni grassos.

— Fat, aquels pratz ourdinaris èron l'esprecatori, e aquelos crabos ni magros ni grassos, las amos qu'atendon lou moumen d'estre delibrados.

— Ome a las dens roujos, parlo-nous del prèste que disiò la mèsso dins la pitchouno glèizo.

— Fat, aquel prèste èro lou Boun Diu.

— Ome a las dens roujos, parlo-nous d'aquelos boulados d'ausélous qu'arribabon dels quatre bens del cièl e que beniòn tusta countro las bitros de la pitchouno glèizo ambe sous bètz e sas alos; pourtan las frinèstos nou s'oubrissiòn pas, e las pauros bestiolos damourabon toutjour deforo a crida : *Riu, chiu, chiu.*

— Fat, aquels ausèls èron las amos dous pitchous mainatges mortz sans batèmo, que n'intraran pas en paradis.

— Ome a las dens roujos, parlo-nous del cièrge mai court que lous autres que burlabo sur l'auta:

— Fat, quant on a bist lou qu'as bist', on n'a plus res a aprene dins aqueste mounde. Tan brai coumo saras toutaro en paradis, aquel cièrge èro ta propro bito, e s'escantissiò sur l'auta a la fi del darrè auangèli.

II

L'ome blan

Aqui ço qu'es arribat en un bièl souldat, qu'a perdut uno cambo a la guèrro, e que s'en ba demanda soun pa de porto en porto.

Aquel souldat seguissiò lou cami de Nerac a Agen, ambe un soul bouci de pa dins sa biasso. Arribat proche de Mouncaut, s'assetèt al bor d'un barat e coumençabo de minja, quan besquèt beni a el un home bestit de blan del cat als pès : capèl blan, abillomens e souliès blans, e un gran bastou blan dins la ma dreto.

— Que fas aqui, moun amit?

— Zou bezès, moussu ; minji un bouci de pa. Lou partatjarén se boulès.

— Ambe plasé, moun amit.

L'ome blan se setèt sul bor del barat al coustat del bièl souldat, que li dounèt la mitat de soun mos de pa. Quan agouron minjat, l'ome blan se lebèt e diguèt :

— Mercio, moun amit. Podes segre toun cami. Res nou te manquara anèi, e aban que rentres aqueste sero dins toun oustalet, auras amassat de pa per biure penden un mes.

Lou bièl souldat se remetèt en cami ; de toutos las bordos l'apelabon per li bailla, e quan rentrèt lou sero dins soun oustalet, abiò amassat de pa per biure pendent un mes.

Aquel mèmo jour, l'ome blan rancountrèt un boèturiè que pourtàbo tres mounjos.

— Mas sos, sèi las. Dounat-me uno plaço dins bostro boèturo.

— Passo toun cami, ome blan ; i a pas de plaço aci per tu.

Alabés lou boèturiè aguèt pietat de l'home blan, e li dounèt uno plaço a soun coustat.

Caminèron atal dinqu'a un quart d'ouro de Nerac. Alabés l'ome blan debalèt e diguèt al boèturiè :

— T'èi dit que ta caritat te saiò pagado. Tan brai coumo quelos tres mounjos que beses aqui tan plenos de bito saran mortos aban d'arriba a Nerac, troubaras ta fenno qu'es malauso dumpèi sèt ans, tout-a-fèt garido e ocupado a te fa las soupos.

L'ome blan s'en anguèt. Quan lou boèturiè arribèt a Nerac, troubèt las tres mounjos mortos ; mè sa fenno èro sur la porto e cridabo :

— Anen, moun ome, afano-te ; las soupos s'afredisson.

III

Lou Bouiatge de Nostre Segne

Un jour Nostre Segne partisquèt ambe sen Pièrre e sen Jan, per ana demanda l'aumoino ; s'arrestèron toutz tres daban la boutigo d'un faure que s'assajabo de ferra un chibal. Mès la bèstio reguinnabo, e lou faure jurabo coumo un paien sans poude fa de boun oubratge.

— Faure, ça diguèt Nostre Segne, daicho-me ferra aquel chibal.

— Tiro toun cami, afrountat, ou te marqui ambe moun fer cau !

— Faure, te disi de me daicha ferra toun chibal.

Lou faure finisquet per daicha fa.

— Aqui, ça diguèt Nostre Segne, coumo ferron un chibal.

Coupèt a la bèstio la cambo dreto de daban, la ferrèt tout a soun aise, la tournèt mètre en plaço, e tournèt parti ambe sen Pièrre e sen Jan.

— Ne farèi pla autan coumo aquel ome, se pensèt lou faure.

Alors coupèt al chibal la cambo gaucho de daban, e la ferrèt tout a soun aise. Mès la pauro bestio sannabo, e lou faure nou pousquèt pas tourna mètre lou membre a sa plaço. Ta lèu courguèt après Nostre Segne.

— L'amit, benès m'aduja, bous en prègui, a tourna mètre la cambo al chibal.

Nostre Segne benguèt tourna mètre lou membre a la bèstio e diguèt al faure :

— Aco es fèit. Ten a beni, noü jures plus coumo un paien, e n'insultes plus lous qui te bolen randre serbici.

Nostre Segne se tournèt mètre en cami ambe sen Pièrre

e sen Jan, e toutz tres s'en anguèron tusta a la porto d'uno pauro bordo.

— Un mos de pa, *si bou plèt*, bourdilèro, per l'amou de Diu e de la sento Bièrges Mario. *Pater noster qui es in cœlis...*

— Pauros gens, bostros prièros nou bous proufitaran gaire. N'èi qu'aquel mos de pasto dins la mèit.

— N'augetz pas pòu, bourdilèro, bostro pasto ba aumenta, e n'i aura prou per nous autres tous.

Coumo de fèt, la pasto aumentèt a bisto d'èl, dinquo debourdèsse per-dessus la mèit. Alors la bourdilèro caufèt lou four, e toutz quatre se metèron a minja. Penden que minjabon, lous tres mainatges s'èron sarratz dins l'establo des tessous e cridabon.

— Bourdilèro, ça diguèt Nostre Segne, qu'abès dins aquelo establo ?

— Paure, acò soun tres tessounetz.

Lou repas finit, Nostre Segne partisquèt ambe sen Pièrre e sen Jan ; mès quan la bourdilèro boulguèt ana quèrre sous mainatges dins l'establo des tessous, i troubèt tres tessounetz. Ta lèu courguèt a l'adarrè de Nostre Segne.

— Moun amit, bous èi mentit quan bous èi dit toutaro qu'èron tres tessounetz que cridabon dins a l'establo des tessous. Acòs èron mous tres mainatges ; e quan sètz estat partit, èi troubat tres tessounetz a la plaço.

— Rentras che bous, bourdilèro, e tournares trouba bostres tres mainatges ; mès cal plus menti.

Nostre Segne se tournèt mètre en cami ambe sen Pièrre e sen Jan, e toutz tres s'en anguèron tusta a la porto d'un castèl.

— Un mos de pan, *si bou plèt,* moussu, per l'amou de Diu e de la sento Bièrges Mario. *Pater noster qui es in cœlis, sanctificetur....*

— Foutès-me lou can ! canaillos ; n'auras pas un croustet, fenians ! Se biras pas lous talous sul cot, bous lachi lous cas a l'adarrè.

— Sen Pièrre, ça diguèt Nostre Segne, basto-me aquel ase.

Lou mèstre del castèl se troubèt sul cot cambiat en ase. Sen Pièrre lou bastèt e li metèt un cabestre.

Nostre Segne se tournèt metre en cami ambe sen Pièrre e sen Jan, e toutz très s'en anguèron tusta a la porto d'un pitchou mouli, agoun n'i abiò qu'uno fenno.

— Un mos de pan, *si lou plèt*, moulinèro, per l'amou de Diu e de la sento Bièrges Mario. *Pater noster qui es in cœlis*....

— Pauros gens, bostros prièros nou bous proufiteran gaire. N'èi a bous douna qu'un pitchou mos de pa. Partatjas bous-lou.

— Merci, moulinèro, ça diguèt Nostre Segne. Per bostre pitchou mos de pa, bous douni aquel ase ambe soun bast e soun cabestre. Fasès-lou trabailla rede, e li dongues pas ni fe ni paillo. Sabera bièn ana tout soul cerca sa bito lou loun dels camis e a trabès las sègos.

Nostre Segne se tournèt metre en cami ambe sen Pièrre e sen Jan. Al cat de sèt ans, tournèron passa daban lou pitchou mouli, e s'en anguèron tous tres tusta a la porto.

— Un mos de pa, moulinèro', *si lou plèt*, per l'amou de Diu e de la sento Bièrges Mario. *Pater noster qui es in cœlis*....

— Ambe plasé, pauros gens. Entras, la soupo es sur la taulo. Aqui uno micho de pa per cadu, d'al, de sal, e debali a la cabo per bous tira de bi bièl. I a sèt ans, tres paures pas tan bièls coumo bous autres, passèron per aci. Per un pitchou bouci de pa, me dounèron un ase ambe soun cabestre, en me recoumandan de lou fa trabailla rede, sans li douna ni fe ni paillo. L'èi toutjour daichat ana quèrre sa bito tout soul lou loun de camins e a trabès las sègos. Pourtan abioi pietat d'aquel paure animal. Es ambe el qu'èi apraticat moun mouli e fèit ma fourtuno.

— Moulinèro, sèn nous autres que bous abèn dounat aquel

ase ambe soun bast e soun cabestre ; aro nous lou cal tourna.

— Ambe plase, pauros gens.

Nostre Segne, sen Pièrre e sen |Jan mountèron toutz tres sur l'ase, que lous pourtèt dinqu'a la porto de soun castèl.

— Un mos de pa, Madamo, *si bou plèt*, per l'amou de Diu e de la sento Bièrges Mario. *Pater noster*....

— Ambe plasé, pauros gens. Aqui tres michos de dètz liuros caduno. S'en ban sèt ans passatz que tres paures benguèron demanda l'aumoino a la porto d'aquel castèl ; moun marit lous insultèt e lous menacèt des cas. Alors un d'aquels tres paures lou cambièt en ase ; un autre lou bastèt e li metèt un cabestre, e toutz tres se l'amenèron ambe els.

— Recounechaios bostre marit, Madamo ? ça diguèt Nostre Segne.

— Oui, paure, lou recounechaioi.

— Ase, lèbo-te, e repren ta prumèro formo.

L'ase se lebèt, reprenguèt sa prumèro formo, e la damo recouneguèt soun marit. Lou mèstre del castèl mourisquèt lou lendouma ; mès abiò fèit sa penitenço en aqueste mounde, e Nostre Segne li dounèt plaço dins soun paradis.

IV

L'ome presounè dins la luno

I a de gens qu'an bist marcha dins la luno un ome cargat d'un fagot. Aqui coumo s'i trobo en punitiou de sous pecatz.

Del temps qu'aquel omo èro sur la tèrro, traballabo souben lou dimeche e jurabo coumo un paien.

— Pren gardo, ça li dision sous besis ; mal fa nou pot dura. Ofensos lou Boun Diu, e t'arribera malur.

Mès l'ome boulió res escouta, e anabo toutjour soun trin. Un jour de Pascos, se lebèt de boun mati, prenguèt sa pigasso, e s'en anèt al bos coupa un fagot. Mès coumo s'en tournabo al bilatge ; lou ben se l'empourtèt dins la luno ambe soun fagot. Es aqui qu'aquel malurous es coundamnat a damoura presounè dinqu'al jour del jutjomen.

I a de gens qu'an bist marcha dins la luno un ome cargat d'un fagot. Aqui coumo s'i trobo en punitiou de sous pecatz.

V

Lou gouiat castigat

I abiò un cot uno jouino fillo qu'èro bèlo coumo lou jour. Baillabo lou boun etzemple dins la paroèsso, e passàbo tout soun ten a trabailla e a prega Diu. Acò durèt dinqu'a l'atge de detz-e-oèit ans. Alors, un gouiat que soun pai abiò un gran castèl e cen bordos dins lou pais, toumbèt amourous de la jouino fillo, e la demandèt en maridatge. Se fasquèt douna l'entrado de l'oustal, e bint cotz per jour beniò teni coumpagnio a sa proumeso.

Un sero, a l'entour de las nau ouros, lou gouiat diguèt à la jouino fillo :

— Escouto. Bau fa en semblan de rentra che moun pai; mès tournarèi a mèjo nèit, quan tout lou mounde dourmira che tu, e me recebras dins ta crampo.

— Nâni, moun boun amit, faioi un pecat. Atendès que siosquen maridatz, et bous recebrèi ambe plasé dins ma crampo tan souben coumo boudrés.

— Sès uno fado de parla atal. Ban estre lèu maridatz, e me podes bien permetre aro ço que me proumetes per mai tar.

La jouino fillo aimabo lou gouiat, e respoundèt :

— E be, fasès coumo se rentrabotz che bous, e tournatz a mèjo nèit. Bau fa en semblan de m'ana coucha; mès quan tout lou mounde dourmira dins l'oustal, me leberèi per ana bous oubri la porto, e bous recebrèi dins ma crampo.

Lou gouiat fasquèt coumo se rentrabo chez el, e la jouino fillo fasquèt en semblan de s'ana coucha. Mès quan tout lou mounde estèt endourmit dins l'oustal, se lebèt per ana oubri la porto, e recebèt soun galan dins sa crampo.

Lou gouiat partisquèt aban l'aubo, mès nou tournèt plus

dins l'oustal. Alors, la jouino fillo benguèt pla tristo, e al cat de tres mesis diguèt a uno de sas amigos :

— Escouto, te bau dise un gran segrèt. I a tres mesis, èi reçut moun galan dins ma crampo penden la nèit, e dunpèi n'es plus tournat me beire. Bai-lou trouba, e di-li que l'atendi, pramo que sèi encento, e que nous cal marida lou prumè que se pouira.

— Siosques tranquillo, toun segrèt sara bièn gardat, e ta coumissiou sara fèito.

Lou jour mèmo, l'amigo de la jouino fillo anèt trouba lou gouiat e li diguèt :

— Escoutas. Bostro mestresso m'a dit un segrèt. I a tres mesis bous a reçut dins sa crampo penden la nèit, e dunpèi nou sètz plus tournat la beire. Es elo que m'a cargado de bous ana trouba per bous dire que bous aten, pramo que es encento, e que bous cal marida lou prumè que se pouira.

— Tourno che ma mestresso e di-li que nou me beira plus. Èi fèit d'elo ço qu'èi boulgut, e aro èi finit de l'aima. S'es encento, tan pis per elo; mès se counto sur jou per se marida, cresi fort qu'atendera lounten.

Quan l'amigo de la jouino fillo entendèt acò, n'aguèt plus mot en bouco, e s'en tournèt en plouran che la que l'abiò enbouiado.

— E be ! que t'a respoundut moun galan ?

— Toun galan es un mechant ome. M'a respoundut : « Tourno che ma mestresso e di-li que nou me beira plus. Èi fèit d'elo ço qu'èi boulgut, e adaro èi finit de l'aima. S'es encento, tan pis per elo; mès se counto sur jou per marit, cresi fort qu'atendra lounten. »

Quan la pauro jouino fillo entendèt acò, toumbèt redo morto, e la pourtèron al cementèri lou lendouma. Soun galan nou parisquèt pas mèmo a l'enterromen; mès a parti d'aquel jour estèt toutjour en pensomen, e damourèt tres ans sans s'aproucha des sacromens. Mès la quatrièmo annado, s'anèt coufessa, penden la semmano sento, e diguèt al curè :

— Moun pèro, sèi coupable d'un bièn gran pecat. Èi proumes maridatge a uno jouino fillo. M'a reçut la nèit dins sa crampo e l'èi rendudo encento, e dunpèi nou sèi plus tournat a l'oustal. Alors ma mestresso m'a embouiat uno de sas amigos per me dire que m'atendiò, per amo qu'èro enceinto, e que nous caliò marida lou prumè que se pouiren. Èi respoundut : « Tourno che ma mestresso, e di-li que nou me beira jamai plus. Èi fèit d'elo ço qu'èi boulgut, e aro èi finit de l'aima. S'es encento, tan pis per elo ; mès se counto sur jou per marit, cresi fort qu'atendra lounten. » Quan la pauro jouino fillo a entendut acò, es toumbado redo morto.

— Moun fil, respoundèt lou curè, (toun pecat es tan gran, que ni jou ni l'abesque n'abèn lou poude de te perdouna. Cal ana a Roumo, e te coufessa al papo.

Lou gouiat sourtisquèt de la glèiso. e s'en anèt trouba un de sous camarados.

— Escouto, èi un gran segrèt a te dire e un gran serbici a te demanda.

— Parlo. Toun segrèt sera bien gardat. Per lou serbici, tacharèi de te countenta, se la causo es en moun poudé.

— Èi besou d'ana a Roumo per me coufessa al papo. Me boles acoumpagna ?

— O.

— E be, partiran aqueste sero, a l'entrado de la nèit. Aro bau a la boutigo del faure.

— Faure, pagarèi ço que cadra ; mès nou sourtirèi pas d'aci que tu e tous aprentis m'agetz fourjat sièis parèls de souliès de fèr.

— Moussu, lou sièis parèls de souliès de fer saran prestis dins uno ouro.

Uno ouro après, lous sièis parèls de souliès de fèr estèn lestes. Alors lou gouiat anèt trouba soun camarado e li diguèt :

— Lou moumen es bengut. Aqui un bastou, uno biasso e tres parèls de souliès de fèr, pramo que lou bouiatge sera loun. La nèit debalo, cal parti.

Tous dus caussèron un parèl de souliès de fèr, e partisquèron sans embrassa sous parens. Marchèron atal lounten, lounten, lounten; trabersèron de grans bos e de ribèros mai larjos que Garono, e passèron dins forço paisis que cadun abiò soun lengatge. Penden lou jour, demandabon un bouci de pa, per l'amou de Diu, daban la porto de las bordos, e la nèi lous daichabon coucha, per caritat, sur la paillo de las establos. Un sero, lou gouiat diguèt a soun camarado :

— Escouto : nostre prumè parèl de souliès de fèr es usat; abèn fèit lou tiers del bouiatge.

Lou lendouma, tous dus caussèron un autre parèl de souliès de fèr e partisquèron. Marchèron atal lounten, lounten, lounten; trabersèron de grans bos e de ribèros mai larjos que Garono, e passèron dins forço paisis que cadun abiò soun lengatge. Penden lou jour, demandabon un bouci de pa, per l'amou de Diu, daban la porto de las bordos, e la nèit lous dachabon coucha, per caritat, sur la paillo de las establos. Un sero, lou gouiat diguèt a soun camarado :

— Escouto : nostre segoun parèl de souliès de fèr es usat ; debèn abe fèit lous dus tiers del bouiatge.

Lou lendouma, tous dus caussèron lour darrè parèl de souliès de fèr e partisquèron. Marchèron atal lounten, lounten, lounten; trabersèron de grans bos e de ribèros mai larjos que Garono, e passèron dins forço paisis que cadun abiò soun lengatge. Penden lou jour, demandàbon un bouci de pa, per l'amou de Diu, daban las portos de las bordos, e la nèit lous daichabon coucha, per caritat, sur la paillo de las establos. Un sero, lou gouiat diguèt a soun camarado :

— Escouto : nostre darrè parèl de souliès de fèr es usat; douma saran a Roumo.

Lou lendouma, se tournèron mètre en cami bièn aban lou jour, e lou sourèl leban lous mustrèt lou castèl del papo e las teulados de la bilo de Roumo. Aquelo bilo a sèt cens glèisos, e, dins cado clouquè, i a sèt campanos de grandou e de souns diferens. Quan lou gouiat e soun camarado n'estèron plus qu'a une lègo, toutos aquelos campanos se metèron a souna d'elos mèmos ; alors lou puple diguèt :

— Aqui las campanos que sounon l'arribado d'un gran peniten.

Tout aquel puple sourtisquèt per la grando porto per ana al daban del gouiat e de soun camarado. Tous dus estèron counduitz daban lou papo que diguèt :

— Daichas-me soul ambe aquel peniten.

Digun n'a jamai sabut ço que s'es dit alors, penden tres ouros de relotge, entre lou papo e lou gouiat. La coufessiou finido, lou papo diguèt al peniten :

— Bèi me quèrre toun camarado, e daicho-me soul ambe el.

Lou gouiat anguèt quèrre soun camarado, e lou daichèt soul ambe lou papo.

— Moun amit, escouto bien ço que te bau dire, e n'en parles a digun aban d'èstre rentrat dins toun pais.

— Papo, sarés aubeit.

—Moun amit, ten-te lèste a tourna parti ambe toun camarado, al prumè cot de mèi jour. Marcharés sans minja, ni beure, ni bous sète, dinqu'al coucha del sourèl. Alors trabersares un bos oun troubares uno bèstio que bous semblara pitchouno de lèn e grando de proche. Aquelo bèstio sautara sur l'esquino de toun camarado e s'i tendra ambe sas unglos sans que aqueste siosque espoubentat. Alors, countinuas bostro routo, e demandas a coucha dins lou prumè oustal que troubarés. Toun camarado se retirera soul dins uno crampo, oun entendrés un gran tapatge penden touto la nèit ; mès que digun se garde bien d'i intra aban lou lendouma mati.

— Papo, sarés aubeit.

Sul prumè cot de mèi jour, lou gouiat e soun camarado tournèron parti, e marchèron sans minja, ni beure, ni se sète, dinqu'al coucha del sourèl. Alors trabersèron un bos oun troubèron uno bèstio que lous semblèt pitchouno de lèn e grando de proche. Aquelo bestio sautèt sur l'esquino del gouiat, et s'i tenguèt ambe sas unglos san que aqueste estèsse espoubentat. Alors continuèron lour routo, e demandèron a coucha dins lou prumè oustal que troubèron, e lou gouiat se retirèt soul dins uno crampo.

Sul prumè cot de mèjo nèit, entendèron dins aquelo crampo un gran tapatge que durèt penden tres ouros de relotge. Après n'entendèron plus res, e tout lou mounde s'endourmisquèt dins l'oustal dinqu'al sourèl leban. Alors boulguèron intra dins la crampo oun s'èro fèit aquel gran tapatge ; mès n'y troubèron ni la bestio ni lou gouiat, e n'an jamai poudut sabe ço qu'èron debengutz.

TROISIÈME PARTIE.

NOTES COMPARATIVES.

NOTES COMPARATIVES

PAR

M. Reinhold KÖHLER

CONTES

I

Peau-d'Ane

Il y a beaucoup de contes où l'héroïne perd son époux, puis le retrouve marié ou au moins fiancé à une autre. Au prix de joyaux, qui lui ont été donnés d'ordinaire par des êtres bienfaisants qu'elle a rencontrés sur sa route, elle achète de la nouvelle femme ou fiancée la permission de passer trois nuits dans la chambre de l'époux. Elle ne parvient que durant la troisième nuit à se faire reconnaître du héros, auquel, les deux nuits précédentes, sa femme (ou fiancée) nouvelle avait fait prendre un breuvage. Voyez mes indications sur ce point dans le *Jahrbuch für romanische Literat*, V, 255 s., et de plus Kuhn et Schwartz, *Norddeutsche Märchen*, n°. 11; Pröhle, *Kinder und Volksmärchen*, n° 31; Asbjörnsen, *Norske Folke-Eventyr, ny Samling*, n° 90; Hyltén-Cavallius et Stephens, *Svenska Folk-Sagor och Æfventyr*, n° 19, A. B; *Icelandic Legends, collected by* J. Arnason, *translated by* G. Powell and E. Magnusson, *second series*, p. 278; Laura Gonzenbach, *Sicilianische Märchen*. n° 42; A. De-Gubernatis, *Le Novelline di Santo Stefano*, n° 14; V. Imbriani, *La Novellaja fiorentina*, n° 10, *La Novellaja milanese* n° 6; F. Maspons y Labros, *Lo Rondallayre*, II, 60; P. Kennedy. *Legendary Fictions of the Irish Celts*, p. 57.

Dans la plupart de ces contes, l'époux de l'héroïne est animal pendant le jour et ne redevient homme que la nuit, et elle le perd pour avoir enfreint une défense qu'il lui avait faite. Dans notre conte aussi, le roi de France devait certainement apparaître d'abord sous la forme d'un animal. Ce n'est qu'ainsi que l'on comprend comment il menace le père des trois jeunes filles de le dévorer, et pourquoi les deux filles aînées se refusent à l'épouser.

Un autre trait du récit primitif paraît altéré dans le texte gascon, tel qu'il nous est parvenu : *Peau-d'Ane* veut prouver sa reconnaissance aux laveuses qui lui ont donné des nouvelles du roi de France, et en un moment elle blanchit un torchon noir comme la suie. Dans un conte norvégien parallèle (Asbjörnsen et Moe, *Norske Folkeeventyr*, n° 41), l'épouse de l'Ours blanc, une nuit, a allumé une bougie pour le voir avec sa véritable forme, en quoi faisant elle a laissé tomber sur sa chemise une goutte brûlante de cire : le prince s'est réveillé et a disparu. Elle le retrouve enfin chez sa marâtre (au prince), fiancé à une autre, et elle achète trois fois de la fiancée la permission de passer la nuit dans sa chambre : la troisième nuit la reconnaissance a lieu, et le lendemain le prince demande à la nouvelle fiancée de laver les trois taches de cire qui se trouvent sur sa chemise. Mais il n'y a que des mains chrétiennes qui puissent blanchir la chemise, et la fiancée, qui appartient à la race des Trolds, en est incapable, tandis que la première femme y réussit. — Dans un conte danois (Grundtvig, *Gamle danske Minder i Folkemunde*, I, 100), l'épouse du Chien Blanc a de même allumé une lumière, et les gouttes de cire tombées sur le prince ont causé son réveil et sa disparition. Elle est obligée alors de servir une sorcière, qui lui impose différentes tâches : la dernière est précisément de blanchir la chemise du prince. Avec l'aide du Chien Blanc, elle y parvient, la sorcière crève de dépit, et le charme qui pesait sur le prince est rompu. — Dans un conte écossais (Chambers, *Popular rhymes of Scotland*, p. 244), l'épouse du Bœuf Noir de Norvége l'a perdu et part pour le chercher. Pendant sept ans elle sert un forgeron, qui, pour sa peine, lui fait des souliers de fer, avec lesquels elle gravit la montagne de glace. Elle arrive en haut, dans la demeure de la vieille buandière. Un beau jeune chevalier (qui autrefois était le Bœuf Noir de Norvége) a donné à la buandière une chemise sanglante : celle qui la blanchira sera sa femme. La vieille et sa fille ne réussissent pas à la laver, mais l'étrangère le fait pour elles, et la vieille dit que c'est sa fille qui l'a blanchie. L'étrangère achète la permission de passer trois nuits dans la chambre du chevalier, où elle chante :

>   Seven lang years I served for thee,
>   The glassy hill I clamb for thee,
>   The bluidy shirt I wrang for thee,
>   And wilt thou not wauken and turn to me?

Les deux premières nuits, le chevalier n'entend rien à cause du breuvage qu'il a pris ; dans la troisième ont lieu la reconnaissance et la réunion. — Dans une variante assez obscure de ce conte chez CAMPBELL, *Popular Tales of the West Highlands* IV, 294 l'épouse du « Greyhound » blanchit les chemises de tous ceux qui sont tués dans une grande bataille. — Dans un conte breton, publié par F. M. LUZEL dans les *Archives des missions scientifiques et littéraires*, 2ᵉ série, VII, 184, il faut que l'Homme-Poulain quitte sa femme. Elle veut le retenir, et il lui donne un coup de poing en pleine figure. Le sang jaillit sur la chemise de l'Homme-Poulain et y fait deux taches. Puissent ces taches ne jamais s'effacer jusqu'à ce que j'arrive moi-même pour les enlever ! crie la femme. L'Homme-Poulain s'enfuit et sa femme le cherche pendant dix années. Enfin elle arrive un jour auprès d'un château, où des servantes sont occupées à laver du linge sur un étang. Une servante s'efforce en vain d'enlever les trois taches de sang d'une chemise. C'est la chemise la plus belle d'un seigneur qui veut se marier le jour suivant avec la fille du maître du château. La femme de l'Homme-Poulain se fait donner la chemise, crache sur les trois taches, la trempe dans l'eau, puis la frotte, et voilà les trois taches enlevées. On loge la femme dans le château, et elle se fait reconnaître à l'Homme-Poulain.

II

Les deux Jumeaux

Cf. les rapprochements fournis par Von Hahn, *Griechische und Albanesische Märchen*, n° 22, note, et par moi dans *Orient und Occident*, II, 118 ss., et dans ma note sur L. Gonzenbach, *Sicilianische Märchen*, n°° 39 et 40, et de plus Luzel, *Contes bretons*, p. 62 ; De-Gubernatis, *Le Novelline di Santo Stefano*, n° 17 et 18 ; Imbriani, *La Novellaja fiorentina*, n° 27, *La Novellaja milanese*, n° 12 ; Maspons y Labros, *Lo Rondallayre*, I, 25 ; et le conte néo-grec chez J. A. Buchon, *La Grèce continentale et la Morée*, p. 274.

A la croix de pierre d'où le sang doit couler, si un malheur arrive à l'un des frères, répond, dans le conte breton, un tronc de laurier d'où doit couler du sang si le frère absent est mort, dans le conte sicilien n° 40 un figuier d'où doit couler du lait ou du sang, et dans Simrock, *Deutsche Märchen* n° 63, un arbre dans lequel les frères font des entailles qui doivent devenir rouges de sang si l'un d'eux meurt. Dans les autres contes parallèles, ce sont d'autres signes auxquels on doit reconnaître la mort des deux frères (un arbre, une fleur se flétrira ; un couteau, un glaive planté au départ dans un arbre, se rouillera ; une eau se troublera, etc.)

Un trait particulier au conte agenais, c'est que le vainqueur du dragon se sert des langues coupées au monstre pour se faire reconnaître *de sa femme*. Dans beaucoup de récits parallèles, le vainqueur coupe également la langue ou les langues, et se fait par là reconnaître pour le véritable libérateur de la princesse, au lieu d'un courtisan ou d'un serviteur ou d'une autre qui prétend avoir tué le dragon.

Notre conte a encore en propre la disparition de l'un des frères sous terre dans la maison des sorciers : dans la plupart des récits analogues, il est pétrifié, et dans beaucoup d'entre eux par le contact du cheveu d'une sorcière.

Dans presque toutes les versions du conte des *Frères*, on

retrouve un trait qui manque dans le conte agenais : le second frère; quand il couche avec sa belle-sœur, qui le prend pour son mari, place une épée entre elle et lui.

III

Les deux Filles

Cf. *Pentamerone*, III, 10 ; De-Gubernatis, *Le Novelline di Santo Stefano,* n° 1 ; Gradi, *La vigilia di Pasqua di Ceppo*, p. 20; Imbriani, *La Novellaja fiorentina*, n° 11, 11 bis, 24, *La Novellaja milanese*, n° 21 ; Bernoni, *Fiabe e Novelle popolari veneziane*, n° 19 ; Maspons y Labros, *Lo Rondallayre*, I, 97 ; un autre conte catalan, dans Manuel Mila y Fontanals, *Observaciones sobre la poesia popular* (Barcelona, 1853), p. 177, et un piémontais, dans A. Wesselofsky, Introduction à la *Novella della figlia del re di Dacia* (Pisa, 1866), p. xxix. Dans tous ces contes, une étoile tombe sur le front de la bonne sœur, et sur celui de la méchante se pose dans la plupart des contes italiens une queue d'âne ; dans le *Pentamerone* un testicule d'âne ; dans un conte catalan, un pied d'âne ; dans une variante du conte piémontais une queue de cheval ; dans le conte vénitien « tre stronzi » ; dans le conte milanais « ona bovascia » (une bouse) ; dans le conte du *Rondallayre* « una bruticia. »

Il y a encore beaucoup d'autres contes de sœurs, — le plus souvent belles-sœurs, — bonnes ou mauvaises, qui sont plus ou moins récompensées selon leurs mérites; mais ils s'éloignent davantage de notre récit.

Pour ce qui concerne le commencement du conte, où la fille abandonnée dans le bois retrouve son chemin deux fois, cf. p. ex. *Pentamerone*, V, 8; Gonzenbach, n° 49 ; Busk, *The Folk-Lore of Rome*, p. 41 ; Perrault, *le Petit Poucet* ; Mme d'Aulnoy, *Finette Cendron* ; Maspons y Labros, *Lo Rondallayre*, II, 25 ; Grimm, *Kinder und Hausmärchen*, n° 15 ; Vuk Stefanovitch Karadchitch, *Volksmärchen der Serben*, n° 36.

IV

La jambe d'or

Cf. Strackerjan, *Aberglaube und Sagen aus dem Herzogthum Oldenburg*, I, 155 (la servante vole la jambe de sa maîtresse enterrée) ; Müllenhoff, *Sagen, Märchen und Lieder der Herzogthümer Schleswig, Holstein und Lauenburg*, p. 465 (la mère vole la jambe d'or de son fils) ; Colshorn, *Märchen und Sagen*, n° 6 (le fossoyeur vole la jambe d'or d'une petite fille) ; Henderson, *Notes on the Folk-lore of the Northern Counties of England and the Borders*, p. 338 (le mari vole le bras d'or de sa femme). Cf. aussi le conte VII du présent recueil et la note.

V

Le lait de Madame

Le chant enfantin dans Bujeaud, *Chants et chansons populaires des provinces de l'ouest*, I, 27, est une variante de ce conte, mais il rappelle aussi le conte de la poulette qui étouffe et demande à boire, dans Grimm, n° 80 ; Haltrich, *Deutsche Volksmärchen aus dem Sachsenlande in Siebenbürgen*, n° 75 ; Waldau, *Böhmisches Märchenbuch*, p. 341 ; Grundtvig, I, 74 ; Asbjörnsen et Moe, n° 16. — Cf. encore Meier, *Volksmärchen aus Schwaben*, n° 80 et 81 ; Stöber, *Elsässisches Volksbüchlein*, p. 95 ; Birlinger, *Kinderbüchlein*, p. 115 ; un conte ossète dans le *Bulletin de l'Académie des sciences de St-Pétersbourg*, VIII, 56 ; Campbell, n° 8.

VI

La Chèvre et le Loup

Pour ce qui concerne le partage entre la chèvre et le loup, où ce dernier est deux fois pris pour dupe, cf. Rabelais, livre IV, ch. 45 et 46 ; Grimm, n° 189 : Müllenhoff, p. 278 ; Fr. Kösten, *Alterthümer, Geschichten und Sagen der Herzogthümer Bremen und Verden*, p. 226 ; Alpenburg, *Deutsche Alpensagen*, p. 57 ; un poème de Fred. Rückert, *Le Diable trompé*, composé d'après u e source arabe (?) non indiquée ; un conte emprunté aux *Esquisses caucasiennes* du russe Marlinski, dans Kletke, *Märchensaal*, III, 94 ; Schneller, *Märchen aus Wälschtirol*, n° 2 ; Thiele, *Danske Folkesagn*, 4de Samling, p. 122 ; Schmitz, *Sitten und Sagen des Eifler Volkes*, II, 442 ; D. Juan Manuel, *El Conde Lucanor*, cap. XLI (XLIII) ; un conte russe, cité dans De-Gubernatis, *Zoological Mythology*, II, 112 ; un conte esthonien, cité dans Grimm, *Reinhart Fuchs*, p. CCLXXXVIII ; Asbjörnsen, *Norsk Folke-Eventyr, ny Samling*, n° 74, 3 ; enfin Campbell, III, 98. Dans la plupart de ces contes, c'est le diable qui est la dupe, et ce sont des paysans qui le trompent ; dans le conte tyrolien, c'est saint Jean qui se moque du diable ; le conte danois a pour héros un paysan et un trold ; le conte donné par Schmitz met en scène le fameux Till Eulenspiegel et des paysans, le récit du *Conde Lucanor* le Mauvais et le Bon, le conte russe et le conte esthonien un paysan et un ours, le conte norvégien le renard et l'ours, enfin le conte gaëlique le renard et le loup.

Dans la suite du conte agenais, on voit le loup manger tellement, que son ventre gonflé ne lui permet plus de sortir par le trou de la porte ; cf. Grimm, *Reinhart Fuchs*, p. CCLXV, et *Kinder und Hausmärchen*, n° 73 ; Haltrich, *Zur Deutschen Thiersage*, n° 3 ; Curtze, *Volksüberlieferungen aus dem Fürstenthum Waldeck*, p. 173, n° 32 ; Grundtvig, II, 119 ; Gras, *Dictionnaire du patois forézien*, p. 22 ; un conte hongrois traduit pa

E. TEZA, *Rainardo e Lesengrino*, Pisa 1869, p. 69. — Le conte agenais est le seul à placer cette aventure du loup dans une église, et à ajouter qu'il veut grimper à la corde des cloches.

VII

La Goulue

Cf. HALLIWELL, *Popular Rhymes and Nursery Tales*, p. 25; HUNT, *Popular Romances of the West of England*, II, 268; GRIMM, *Kinder und Hausmärchen*, III, 267; MILA Y FONTANALS, p. 186, et MASPONS Y LABROS, II, 100.

VIII

La Gardeuse de dindons

Cf. un conte catalan, dans MILA Y FONTANALS, p. 181, n° V, et MASPONS Y LABROS, I, 55; vénitien dans BERNONI, n° 14, p. 68; sicilien, dans PITRÈ, *Fiabe, novelle, racconti ed altre tradizioni popolari siciliane*, n° 10; romain dans BUSK, *The Folk-lore of Rome*, p. 103; néerlandais dans LOOTENS, *Oude kindervertelsels in den Brugschen tongval*, p. 55; allemand, raconté en patois autrichien par Schumacher, dans le *Wiener Gesellschafter* de 1833, réimprimé dans KLETKE, *Märchensaal*, II, 320, et aussi — mais non en patois — dans GRIMM, n° 179; hongrois dans L. ARANY, *Eredeti népmesék* (Contes populaires), p. 30 (1).

Dans tous ces contes le père demande à ses trois filles comment elles l'aiment. Dans le conte sicilien, la troisième répond : « Comme l'eau et le sel; » dans tous les autres la

---

(1) Je dois un extrait du conte hongrois à mon ami, A. Schiefner, à St-Pétersbourg.

troisième répond : « Comme le sel. » L'aînée et la seconde répondent dans le catalan, le vénitien et le romain : « Comme le pain » et « Comme le vin ; » dans le sicilien : « Comme mes yeux » et « Comme mon cœur ; » dans le néerlandais : « Comme la prunelle de mes yeux » et « Comme ma vie ; » dans l'autrichien : « Comme le sucre » et « Comme ma plus belle robe ; » dans le hongrois : « Comme un diamant » et « Comme l'or. » — Le père chasse la plus jeune fille de la maison dans les contes allemand, néerlandais et hongrois ; dans le catalan, le vénitien et le sicilien il ordonne à ses serviteurs de la tuer, mais les serviteurs ont pitié de la jeune fille. Dans le conte catalan les serviteurs rapportent au roi un des orteils de sa fille et une fiole pleine de sang de poulet ; dans le conte vénitien ils rapportent les yeux et le cœur d'une chienne ; dans le conte sicilien la langue d'une chienne. — Les aventures suivantes de la jeune fille sont différentes dans les différents contes, mais enfin elle devient dans tous, — excepté le conte romain, — l'épouse d'un roi ou d'un grand seigneur. Comme elle est gardeuse de dindons dans le conte agenais, ainsi elle est gardeuse d'oies dans le catalan et l'autrichien, et elle « governa le galine » dans le vénitien. Dans le conte néerlandais elle entre dans un château comme servante. A chacun des dimanches suivants, elle va à l'église habillée en princesse ; le fils de la dame du château la voit et s'en éprend. A la fin de l'office, elle s'échappe et elle perd la première fois son soulier, la seconde fois son gant, et la troisième fois un anneau. Le jeune homme ramasse ces objets et toutes les jeunes filles qui habitent le château les essaient ; ils ne vont qu'à la pauvre servante inconnue et mal habillée ; enfin elle se fait reconnaître. — . Dans les contes catalan, sicilien, vénitien et hongrois le père est invité aux noces de sa fille, et on lui sert tous les plats sans sel, pour lui prouver combien le sel est nécessaire.

Dans le conte romain, la troisième fille n'est pas chassée du château de son père, mais le père ne la veut plus voir et la relègue dans une aile du château. La princesse gagne le cuisinier de son père, et le cuisinier fait un jour le dîner du roi sans sel. Le roi comprend la valeur du sel et se réconcilie avec sa fille

En outre, on peut comparer Meier, *Volksmärchen aus Schwaben*, n° 27, et Zingerle, *Kinder und Hausmärchen aus Tirol*, n° 31. Dans le conte souabe, un roi est très-irrité contre sa fille unique, qui lui a dit qu'elle l'aimait autant que le sel. Au festin suivant, la princesse fait servir tous les plats sans sel, et apprend ainsi à son père combien le sel est bon. Dans le conte tyrolien, un roi demande à ses trois filles de lui apporter, chacune pour son jour de naissance, quelque chose de bien nécessaire ; la plus jeune lui présente un petit tas de sel, sur quoi le roi la chasse. Elle devient d'abord cuisinière dans une auberge, puis, sans être reconnue, bien entendu, dans le château de son père. A un festin, elle fait servir le mets favori du roi, sans sel ; celui-ci mande la cuisinière et lui fait de vifs reproches. « Vous avez chassé votre fille, lui répond-elle, parce qu'elle avait regardé le sel comme une chose très-nécessaire. Voyez-vous maintenant qu'elle avait raison ? » Et elle se fait reconnaître.

Il est presque superflu de faire remarquer que tous ces contes, et surtout le conte agenais, où les deux aînées, avantagées par leur père, le traitent si mal, rappellent l'histoire du roi Lear popularisée par Shakespeare, et que l'épisode du soulier perdu, que le prince fait essayer à toutes les jeunes filles, rappelle le conte si répandu de Cendrillon.

RÉCITS

I

La femme méchante

C'est un conte bien souvent conté. Cf. Th. Wright, *A Selection of Latin Stories from manuscripts of the* xiii *and* xiv *centuries*, n° 8, (« Audivi de quadam muliere litigiosa, quæ frequenter vituperabat maritum suum, et inter cætera opprobria coram omnibus ipsum pediculosum vocabat... Tandem vir ejus præcipitavit eam in aquam. Cumque fere suffocaretur, et os aperire non posset, quin aqua subintraret, ipsa supra aquas manus extendens, cœpit signis exprobrare, et inter duos ungues pollicum ac si pediculos occideret, exprimere signo quod non poterat verbo ») ; une autre version, tirée du *Dialogus creaturarum*, chez E. Du Méril, *Poésies inédites du moyen-âge*, p. 452 ; Pogge, *Facetiæ*, « *Pertinacia muliebris ;* » J. Pauli, *Schimpf und Ernst*, n° 595 ; J. P. Hebel, *Schatzkästlein des rheinischen Hausfreundes*, « *Das letzte Wort.* »

II

L'Aveugle

Cf. Cénac-Moncaut, *Contes populaires de la Gascogne*, p. 194, « Le père aveugle. »

IV

Les deux présents

Cf. le poème latin du moyen âge, *Raparius* ou *Rapularius*.

imprimé dans Mone, *Anzeiger für Kunde der deutschen Vorzeit*, VIII, 561 ss., dans Pfeiffer, *Germania*, VII, 43 ss. (cf. ibid VII, 253 ss.) et dans le *Jahrbuch für romanische und englische Literatur*, XII, 241 ss., et en extrait dans Grimm, *Kinder und Hausmärchen*, n° 146. Là c'est le plus pauvre de deux frères qui offre au roi une rave si grande qu'il faut deux (d'après une variante quatre) bœufs pour la traîner, et reçoit en retour une riche récompense. Le frère riche, plein d'envie, fait alors de magnifiques dons en or et en chevaux, et reçoit en récompense la rave. Dans un conte allemand (Simrock, *Deutsche Märchen*, n° 46), un pauvre charbonnier porte un petit panier de pommes de terre à son prince, et le prince lui donne une métairie. Le frère riche du charbonnier offre au prince un beau cheval et reçoit en récompense le petit panier de pommes de terre.

Erasme de Roterdam raconte, dans un de ses « *Colloquia familiaria* » qui a pour titre « *Convivium fabulosum*, » qu'un paysan bourguignon, nommé Conon, porta au roi Louis XI une rave prodigieusement grande et reçut en retour « *mille coronatos aureos*. » Un courtisan envieux offrit alors au roi un beau cheval et reçut en récompense la rave. Cette histoire a passé des « *Colloquia* » dans plusieurs recueils de contes, par exemple *Schertz mit der Warheyt*, Frankfurt a. M. 1550, p. 4; Kirchhof, *Wendunmuth*, II, 39 ; *Tales and Quicke Answeres*, London 1567, n° 23. Le poète allemand Christian-Félix Weisse en a fait un conte en vers. Dans les Pays-Bas (J. W. Wolf, *Deutsche Märchen und Sagen*, n° 287), on raconte que Charles-Quint donna à un pauvre paysan, en échange d'un fromage farci de raves, autant de terre qu'il pourrait en labourer en deux jours avec deux chevaux. Là-dessus le voisin riche et envieux du paysan offre à l'empereur deux beaux chevaux, et l'empereur le récompense avec le fromage.

SUPERSTITIONS

I.

L'homme aux dents rouges

Je ne connais pas de conte qui réponde à celui-ci dans son ensemble : il se rapporte au cycle des contes relatifs à un voyage dans l'autre monde. Plusieurs de ces contes parlent, comme le nôtre, de bétail gras sur des prés maigres, et de bétail maigre sur des prés riches. Voyez Bladé, *Contes et proverbes populaires recueillis en Armagnac*, p. 59, et ma note sur L. Gonzenbach, *Sicilianische Märchen*, n° 89, où on peut maintenant ajouter Asbjörnsen, *Norske Folke-Eventyr, ny Samling*, n° 62.

III

Le voyage de Notre Seigneur

Dans un conte norvégien (Asbjörnsen et Moe, n° 21), Jésus et saint Pierre arrivent chez un forgeron qui a écrit sur sa porte : *Ici demeure le maître des maîtres*. Il va justement ferrer un cheval, et Jésus demande la permission de le ferrer lui-même : il lui coupe les jambes, les ferre et les rajuste ensuite. Le forgeron veut en faire autant, mais il n'est plus en état de rattacher la jambe. En Transylvanie, on raconte (*Ausland*, 1857, p. 1075) que le Seigneur est entré comme apprenti chez un forgeron, et y a ferré un cheval de cette manière. A Chaptelac, lieu de naissance de saint Éloi, on raconte : « Saint Éloi s'était qualifié en son enseigne du titre de *Forgeron des forgerons*. Un jeune apprenti (le Christ sans doute), feignant de vouloir se perfectionner dans son art, vint travailler avec saint Éloi. Ce jeune forgeron, pour ferrer un cheval, commença par couper la jambe de la bête, la posa à l'étau, cloua le fer et la remit en place. Éloi voulut en faire autant; il sut bien couper la jambe du cheval; mais il ne put, à sa grande confusion, la lui remettre. (A. DE LA PORTE, *Un artiste du VIIe siècle*, *Saint Éloi*, Lille et Paris, s. d., p. 27). » Un récit identique se trouve dans un conte belge (WOLF, *Deutsche Märchen und Sagen*, n° 17), où le forgeron Eligius a mis sur son enseigne: *Eligius, maître de tous les maîtres*. D'après une tradition souabe (BIRLINGER, *Volksthümliches aus Schwaben*, I, 405), saint Éloi avait le don de couper les jambes des chevaux, de les ferrer et de les leur remettre ensuite; mais il perdit cette faculté miraculeuse, pour s'être appelé *le maître des maîtres*. Voyez encore, sur saint Éloi et sa faculté miraculeuse, racontée dans les légendes et représentée par des peintres et des sculpteurs, BIRLINGER, l. l , I, 404 ss., CAHIER, *Caractéristiques des saints dans l'art populaire*, p. 209, et « *Neujahrsblatt herausgegeben von der Stadtbibliothek in Zürich auf das Jahr 1874. Die Legende des h. Eligius.* » — Dans le conte norvégien et d'autres (voyez *Jahrbuch für romanische und englische Literatur*, VIII, 28-30) Jésus sait encore forger à neuf de vieilles gens, ce que l'orgueilleux forgeron essaie aussi, et très-malheureusement, d'imiter.

IV

L'homme prisonnier dans la lune

On dit à Champdeniers que le « bonhomme » qu'on voit sur le disque de la lune, fut condamné à porter éternellement son fagot pour avoir ramassé du bois le dimanche. Voyez L. DESAIVRE, *Recherches sur Gargantua en Poitou avant Rabelais*, Niort 1869, p. 7. C'est une croyance répandue aussi en Allemagne qu'un homme, avec un fagot de bois ou d'épines sur le dos, a été transporté dans la lune, pour avoir fait son fagot le dimanche. Voyez Grimm, *Deutsche Mythologie*, p. 680 ; Schönwerth, *Aus der Oberpfalz*, II, 68 ; Kuhn, *Sagen, Gebräuche und Märchen aus Westfalen*, II, 82 ; Curtze, *Volksüberlieferungen aus Waldeck*, 243 ; Birlinger, *Volksthümliches aus Schwaben*, I, 186.

V

Le jeune homme châtié

De même qu'ici les pèlerins usent chacun trois paires de souliers de fer avant d'atteindre Rome, ainsi souvent, dans les contes, on voit des femmes qui sont à la recherche de leurs maris ou des maris qui cherchent leurs femmes user des souliers de fer, — une paire, trois paires, sept paires, — avant de les atteindre. Voyez ma note dans « *Awarische Texte, herausgegeben von* A. Schiefner, » p. XXVI.

Reinhold Köhler (1).

(1) Je remercie M. Gaston Paris, professeur au Collège de France, d'avoir bien voulu traduire à mon intention le manuscrit allemand de M. Reinhold Köhler.

J.-F. B.

ADDITIONS ET CORRECTIONS.

On voit, par la date de la lettre préliminaire, que le présent recueil a été commencé il y a six ans. Des obstacles multipliés, et dont l'énumération serait sans interêt pour le lecteur, ont retardé jusqu'à présent la publication des *Contes populaires recueillis en Agenais*. Ce retard a permis à M. Köhler de donner des notes comparatives plus complètes que celles qu'il avait d'abord rédigées à mon intention. Il est, en effet, facile de s'assurer que le travail de l'érudit de Weimar a été rédigé d'après les informations les plus complètes et les plus récentes.

Agen, ce 10 août 1874.   J.-F. B.

Page I, ligne 3 de la note 1 : Kölher, lire : Köhler. — Même correction, page IV, ligne 24.

Page III, ligne 25 : Sainte-Eugénie, lire : Sainte-Eulalie.

Page 6, ligne 17 : couvenu, lire : convenu.

Page 21, ligne 28 : comte, lire : conte.

Page 25, note 1, ligne 2 : Roseach, lire : Boschach.

Page 26, ligne 14 : sur la terre, lire : sous la terre.

Page 33, ligne 10 : s'est réservé, lire : s'était réservé.

Page 36, ligne 3 et 28 : p. 37, ligne 17 : rapporté, lire : rapportées.

Page 41, ligne 14 et 15 : Je veux être ton parrain, et ma fille sera ta marraine. — Dans l'Agenais, comme dans tout le reste du Sud-Ouest de la France, chacun des époux est assisté, le jour du mariage, d'un parrain et d'une marraine.

Page 76, ligne 6 : disio, lire : disiò.

Page 79, ligne 20 : t'es coundannado, lire : t'ès coundannado.

Page 84, ligne 19 : un ome, lire : d'un ome ; ligne dernière : sens, lire : sans.

Page 83, ligne 33 : pais, lire : païs.

Page 84, ligne dernière : arriberon, lire : arribèron.

Page 85, ligne 10 : ountèron, lire : ount èron.

Page 88, ligne 3 : nous autres, lire : nous au. — Même correction partout où il y a : nous autres.

Page 89, ligne 29 : boudràs, lire : boudras.

Page 90, ligne 3 et 27 : fares, lire : farés ; ligne 33 : pais, lire : païs. — A la fin de la page ajouter : Mès lou fil del rèi d'Engloterro boulió res entendre, e cridabo coumo un aiglo ;

Page 98, ligne 8 : faios, lire : faiòs.

Page 102, ligne 8 : altre, lire : autre.

Page 103, ligne 12 : ajouter : Adaro, bailet, l'esprobo es fèito. Bèi me querre lou noutari per que partatge ma terro entre mas diòs fillos, e lou bourrèu per que fasque mouri ma darrèro. — Ligne 13 : las actious soun de mascles, lire : lous actes soun de males ; ligne 31 : aco, lire : acò.

Page 106, ligne 15 : apres, lire : aprés.

Page 108, ligne 3 : chez, lire : che ; ligne 22 : los doumaiselos, lire : las doumaisèlos.

Page 109, ligne 3 : Anen, anen, lire : Anèn, anèn ; ligne 8 : regardàbo, lire : regardabo.

Page 110, ligne 1 : aco, lire : acò ; ligne 3 : obei, lire : aubei ; ligne 19 : beure, lire : bèure ; ligne 34 : metet, lire : metèt.

Page 112, ligne : serbió, lire : serbirió — ou : serbiió.

Page 112, ligne 20 : ajouter : Tournèt pas a loustal qu'a bor de nèit ; ligne 14 : a mèi jour, lire : al cat de tres oùros ; ligne 19 : de la foun, lire : de la foun d'argen.

Page 122, ligne 22, ajouter : Tournèt pas a l'oustal qu'a bor de nèit. — D'oun benes, moun ome ? ça diguèt la fenno. — L'ome a lás dens roujos respoundèt pas. — Lou lendouma, l'ome a las dens roujos se lebèt de bouno ouro, debalèt a l'escuderio, dounèt la sibado a soun chibal, li metèt la brido e la sèlo, e partit al gran galot sans que pousquèsson beire ount anabo.

Page 124, ligne 11 : bosq, lire : bos ; ligne 22 : tessou salat, lire : tessou fort salat.

Page 125, ligne 11 : aco, lire : acò.

Page 127, ligne 8, ajouter : Ome a las dens roujos, perque

t'ès pas arrestat ambe lous fountjaires? — L'ome a las dens roujos respoundèt pas.

Page 130, ligne 4 : quelos, lire : aquelos ; ligne dernière : Anen, lire : Anén.

Page 132, ligne 23 : dins a l'establo, lire : dins l'establo.

Page 133, ligne 14 : merci, lire : mercio.

Page 136, ligne 2 : pass'abo, lire : passabo.

Page 138, ligne 6 : pouiren, lire : pouiré ; ligne 13 : poude, lire : poudé ; ligne 25, ajouter : Lou gouiat s'en anèt dins la boutigo del faure, e li diguèt : — ligne 32 : lestes, lire : lèstes.

Page 140, lignes 22, 23 : trabersares... troubares... lire : trabersarés... troubarés.

TABLE.

	Pages
Lettre préliminaire	1

PREMIÈRE PARTIE.

TRADUCTION FRANÇAISE.

CONTES.

I.	Peau-d'Ane	3
II.	Les deux Jumeaux	9
III.	Les deux Filles	15
IV.	La Jambe d'or	22
V.	Le lait de Madame	25
VI.	La Chèvre et le Loup	26
VII.	La Goulue	29
VIII.	La Gardeuse de Dindons	31

RÉCITS.

I.	La Femme méchante	42
II.	L'Aveugle	44
III.	Le Méchant homme	45
IV.	Les Deux présents	47
V.	Le Curé avisé	50

SUPERSTITIONS.

I.	L'Homme aux dents rouges	52
II.	L'Homme blanc	59
III.	Le Voyage de Notre-Seigneur	61
IV.	L'Homme prisonnier dans la lune	65
V.	L[e Jeu]ne homme châtié	66

SECONDE PARTIE.

TEXTE AGENAIS.

COUNTES.

I.	Pèl-d'Ase	75
II.	Lous dus Bessous	80
III.	Las diòs Fillos	86
IV.	La Cambo d'or	93
V.	La lèit de Madamo	96
VI.	La Crabo e lou Loup	97
VII.	La Gouludo	100
VIII.	La Goardairo de piotz	102

RECITZ.

		Pages.
I.	La Fenno mechanto	112
II.	L'Abuglo	114
III.	Lou Mechant ome	115
IV.	Lous Dus presens	117
V.	Lou Curè abisat	120

SUPERSTITIOUS.

I.	L'Ome a las dens roujos	122
II.	L'Ome blan	129
III.	Lou bouiatge de Nostre-Segne	131
IV.	L'Ome presounè dins la luno	135
V.	Lou gouiat castigat	136

TROISIÈME PARTIE..

NOTES COMPARATIVES.

CONTES.

I.	Peau-d'Ane	145
II.	Les Deux Jumeaux	148
III.	Les Deux Filles	149
IV.	La Jambe d'or	149
V.	Le lait de Madame	150
VI.	La Chèvre et le Loup	150
VII.	La Goulue	151
VIII.	La Gardeuse de dindons	151

RÉCITS.

I.	La Femme méchante	154
II.	L'Aveugle	154
III.	Le Méchant homme (néant).	
IV.	Les Deux présents	154
V.	Le Curé avisé (néant).	

SUPERSTITIONS.

I.	L'Homme aux dents rouges	156
II.	L'Homme blanc (néant).	
III.	Le Voyage de Notre-Seigneur	156
IV.	L'Homme prisonnier dans la lune	157
V.	Le Jeune homme châtié	158

Additions et corrections. 161

www.ingramcontent.com/pod-product-compliance
Lightning Source LLC
Chambersburg PA
CBHW022115160426
43197CB00009B/1029